DIE

DELIKTE DER SCHIFFSLEUTE

NACH GEMEINEM DEUTSCHEN RECHT

VON

DR. IUR. FRIEDRICH BEYER

LEIPZIG
VERLAG VON VEIT & COMP.
1904

DIE

DELIKTE DER SCHIFFSLEUTE

NACH GEMEINEM DEUTSCHEN RECHT

VON

DR. IUR. FRIEDRICH BEYER

LEIPZIG
VERLAG VON VEIT & COMP.
1904

Leipziger juristische Inauguraldissertation.

Druck von Metzger & Wittig in Leipzig.

MEINEM

VEREHRTEN ONKEL ALFRED

GEWIDMET

Inhalt.

Litteratur.

BINDING, K., Grundriß des deutschen Strafrechts. Allgemeiner Teil. 6. Aufl. Leipzig 1902, hier zitiert: BINDING, Grundriß; Lehrbuch des gemeinen deutschen Strafrechts. Besonderer Teil. 1. Band. 2. Aufl. Leipzig 1902. Zit.: BINDING, Lehrbuch.

BINDING, K., Handbuch des Strafrechts. 1. Band. Leipzig 1885. Zit.: BINDING, Handbuch.

BOYENS, E., Das deutsche Seerecht. Auf Grund des Kommentars von Dr. WILLIAM LEWIS neu bearbeitet von EMIL BOYENS. Leipzig. 1. Bd. 1897, 2. Bd. 1901. Zit.: BOYENS I, II.

FRANK, R., Das Strafgesetzbuch für das Deutsche Reich nebst dem Einführungsgesetze. 3. und 4. Aufl. Leipzig 1903. Zit.: FRANK.

HÄLSCHNER, H., Das gemeine deutsche Strafrecht. Bonn 1881—1887.

KATZ, E., Die strafrechtlichen Bestimmungen des Handelsgesetzbuchs und das Seestrafrecht. 2. Aufl. Berlin 1902. (1. Aufl. Berlin und Leipzig 1885.) Zit.: KATZ.

KLEINFELLER s. STENGLEIN.

v. LISZT, Lehrbuch des deutschen Strafrechts. 12. und 13. Aufl. Berlin 1903. Zit.: v. LISZT.

MEVES, O., Die strafrechtlichen Bestimmungen I. im Gesetz, betreffend die Nationalität der Kauffahrteischiffe und ihre Befugnis zur Führung der Bundesflagge, vom 25. Oktober 1867, in Verbindung mit dem Gesetze, betreffend die Registrierung und die Bezeichnung der Kauffahrteischiffe, vom 28. Juni 1873; II. in der Seemannsordnung vom 27. Dezember 1872; III. im Gesetz, betreffend die Verpflichtung deutscher Kauffahrteischiffe zur Mitnahme hilfsbedürftiger Seeleute, vom 27. Dezember 1872: IV. in der Strandungsordnung vom 17. Mai 1874, erläutert. Separatabdruck aus der „Gesetzgebung des Deutschen Reiches mit Erläuterungen" (herausg. von E. BEZOLD) T. III Bd. 1. Erlangen 1876. Zit.: MEVES.

OLSHAUSEN, J., Kommentar zum Strafgesetzbuche für das Deutsche Reich. 6. Aufl. Berlin 1900, 1901. Zit.: OLSHAUSEN.

PERELS, F., Handbuch des allgemeinen öffentlichen Seerechts im Deutschen Reiche. Berlin 1884. Zit.: PERELS, Handbuch.

PERELS, F., Das internationale öffentliche Seerecht der Gegenwart. Berlin 1882. Zit.: F. PERELS.

PERELS, L., Die Seemannsordnung vom 2. Juni 1902 und ihre Nebengesetze. Berlin 1902. Zit.: L. PERELS.

STENGLEIN, M., H. APPELIUS und G. KLEINFELLER, Die strafrechtlichen Nebengesetze des Deutschen Reiches. 1. Aufl. Berlin 1882. (Zit.: KLEINFELLER.) 3. Aufl., herausg. von M. STENGLEIN. Berlin 1903. Zit.: STENGLEIN.

WAGNER, R., Handbuch des Seerechts (unvollendet). 1. Bd. Leipzig 1884. Zit.: WAGNER.

Materialien.

Entwurf eines Strafgesetzbuches für den Norddeutschen Bund vom 31. Juli 1869.

Entwurf einer Seemannsordnung und eines Gesetzes über die Verpflichtung der Kauffahrteischiffe zur Mitnahme hilfsbedürftiger Seeleute, nebst Motiven (zit.: Motive 1872), Reichstagsdrucksache Nr. 65 der 1. Legislaturperiode, III. Session 1872. Hierzu:

1. Beratung, Sten. Ber. S. 429—435,
2. Beratung, Sten. Ber. S. 1114—1117,
3. Beratung, Sten. Ber. S. 1121, 1122. Zit.: Protokolle 1872 I, II, III;

Kommissionsantrag, Reichstagsdrucksache Nr. 182 der 1. Legislaturperiode, III. Session 1872.

Entwurf einer Seemannsordnung, eines Gesetzes, betreffend die Verpflichtung der Kauffahrteischiffe zur Mitnahme heimzuschaffender Seeleute, eines Gesetzes, betreffend die Stellenvermittelung für Schiffsleute, eines Gesetzes, betreffend Abänderung seerechtlicher Vorschriften des Handelsgesetzbuchs, nebst Begründung (zit.: Motive 1902), Reichstagsdrucksache Nr. 663 der 10. Legislaturperiode, I. Session 1898—1900. Hierzu

1. Beratung, Sten. Ber. S. 167—175, 180—211,
2. Beratung, Sten. Ber. S. 2759—2776, 2804—2881, 4802—4908,
3. Beratung, Sten. Ber. S. 5150.

§ 1.

Einleitung.

Die wachsende volkswirtschaftliche Bedeutung der deutschen Seeschiffahrt spiegelt sich in der neueren deutschen Gesetzgebung wieder, die der Ordnung dieses Gewerbebetriebes und dabei insbesondere der rechtlichen Stellung der Schiffsleute im Verhältnisse zum Kapitän und Reeder eine immer steigende Aufmerksamkeit gewidmet hat. Denn hier galt es, wie vielleicht auf keinem anderen Gebiete, mit den Härten eines alten, zum großen Teile nur durch Gewohnheit geschaffenen Rechts aufzuräumen und modernen sozialen Anschauungen zur Geltung zu verhelfen, soweit dies mit den praktischen Bedürfnissen vereinbar war.

Zunächst war es Preußen, das sich dieser Aufgabe annahm und in den Gesetzen zur Aufrechterhaltung der Mannszucht auf den Seeschiffen vom 31. März 1841 (Gesetzessammlung 1841 S. 64) und über die Bestrafung von Seeleuten preußischer Handelsschiffe, welche sich dem übernommenen Dienste entziehen, vom 20. März 1854 (G.S. 1854 S. 134), besonders aber in dem Gesetze, betr. die Rechtsverhältnisse der Schiffsmannschaft auf den Seeschiffen vom 26. März 1864 (G.S. 1864 S. 693) die Grundlage für die weitere Entwicklung schuf. Ihm folgten von den deutschen Seestaaten das Großherzogtum Oldenburg mit dem Gesetz betr. die Schiffsmannsordnung für das Herzogtum Oldenburg vom 11. Mai 1864 und Hamburg mit seiner Seemannsordnung vom 22. Dezember 1865, während auch in Bremen, Lübeck und Mecklenburg-Schwerin vereinzelte Verordnungen über die gleiche Materie ergingen. Daneben regelte das durchweg zum allgemeinen deutschen Recht gewordene alte Handelsgesetzbuch im 4. Titel seines 5. Buches nur die rein privatrechtlichen Beziehungen der Schiffsleute zu ihrem Arbeitgeber, insbesondere ihr Lohnverhältnis.

Die Gesetzgebung des Norddeutschen Bundes verhielt sich zunächst passiv, obwohl Art. 54 Abs. 1 seiner Verfassung die Kauffahrteischiffe aller Bundesstaaten für „eine einheitliche Handelsmarine" erklärte. Auch dadurch, daß das Bundesgesetz vom 5. Juni 1869 das Deutsche Handelsgesetzbuch mit seinem erwähnten Titel über die Rechtsverhältnisse der Schiffsmannschaft zum gemeinen Bundesrecht erhob, wurde die rechtliche Lage der Schiffsleute tatsächlich nicht fühlbar verändert, weil Art. 556 des Handelsgesetzbuchs (vgl. auch Art. 533 Abs. 2 S. 2) den Landesgesetzen die Ergänzung der Vorschriften des 4. Titels vorbehielt, und gerade in diesen Ergänzungen lag der eigentümliche Teil der Materie: die dem öffentlichen Recht angehörige, insbesondere die polizeiliche und strafrechtliche Seite. — Die Gewerbeordnung für den Norddeutschen Bund vom 21. Juni 1869 beanspruchte gleichfalls keine Anwendung auf die Rechtsverhältnisse der Schiffsmannschaften auf den Seeschiffen (vgl. § 6 Abs. 1).

Indessen erschien es mit dem Anwachsen des deutschen Seehandels immer wünschenswerter, die Konsequenzen des zit. Art. 54 der Verfassung zu ziehen, und dieser Wunsch gewann Gestalt, als man bei der Beratung des 1. Entwurfs des Norddeutschen Strafgesetzbuchs vom 31. Mai 1870, der in seinen §§ 105 bis 108 die Schiffsleute auf den Seeschiffen mehreren gleichen Strafbestimmungen unterwerfen wollte, die Aufnahme dieser Bestimmungen in das Strafgesetzbuch ablehnte und statt dessen in Aussicht nahm, die Rechtsverhältnisse der Schiffsleute auf den deutschen Kauffahrteischiffen von Bundes wegen sowohl in privatrechtlicher wie in öffentlichrechtlicher Beziehung in einem besonderen Gesetze „einheitlich und erschöpfend"[1] zu ordnen. Dieses Gesetz kam bald darauf zustande und wurde am 27. Dezember 1872 unter dem Titel einer Deutschen Seemannsordnung publiziert. An ihre Stelle ist jetzt wiederum die Seemannsordnung vom 2. Juni 1902 getreten.

---

[1] Motive 1872, Einleitung.

Der Grund aber, warum die Rechtsverhältnisse der Schiffsleute weder als eine Novelle zum Handelsgesetzbuch noch zu der Gewerbeordnung, sondern in einem besonderen Gesetze ihre Regelung gefunden haben, beruht weniger in dem großen Umfange jenes Rechtsgebiets und auf gesetzestechnischen Gründen, als in der eigentümlichen Stellung des Schiffers zu seinen Schiffsleuten, die von der Stellung jedes anderen Arbeitgebers oder Dienstherrn zu seinen Angestellten erheblich abweicht.

Diese eigentümliche Stellung des Schiffers ist so alt wie die Seeschiffahrt selbst und hat ihren inneren Grund darin, daß alle auf offener See fahrende Personen längere Zeit hindurch lediglich auf sich selbst angewiesen sind. Sie haben nicht nur die Gefahren für Leib und Leben, die ihnen durch die besonderen Naturverhältnisse des Meeres drohen, allein und gemeinsam zu bekämpfen, um ihrer Herr werden zu können, sondern es fehlt ihnen auch tatsächlich der Schutz der Staatsgewalt gegeneinander selbst. Diese Umstände drängten wiederum notwendig zu einer besonderen Organisation der Schiffahrenden und haben von selbst ein eigentümliches personenrechtliches Verhältnis unter ihnen entstehen lassen, das insbesondere Wagner[1] unter der Bezeichnung „Schiffsgewalt" zusammenfaßt.

Die Schiffsgewalt charakterisiert sich nach Wagner analog der Staatsgewalt als die oberste Willensherrschaft über alle auf dem Schiffe verweilenden oder auf ihm angestellten (zu ihm gehörigen) Personen, und zwar unterstehen ihr die ersteren nur innerhalb der Schiffsräume (Gebietshoheit), die letzteren auch außerhalb derselben (Staatshoheit).[2] „Beide Herrschaftsverhältnisse stehen in der Mitte zwischen den erwähnten staatsrechtlichen Verhältnissen und der privatrechtlichen Herrschaft, welche der Eigentümer oder Mieter einer Wohnung innerhalb seines befriedeten Besitztums gegen grundsätzlich alle Personen einerseits und über sein Gesinde schlechthin andrerseits auszuüben berechtigt ist."

[1] S. 344ff.

[2] Die Motive 1902 zu § 3 bezeichnen die Schiffsgewalt als den Inbegriff aller Befugnisse privat- und öffentlichrechtlicher Art, welcher mit Rücksicht auf die Loslösung des Schiffes vom heimatlichen Territorium in der Hand des Schiffers vereinigt sein müssen.

Der Inhaber dieser Schiffsgewalt ist heute ausschließlich der Kapitän als der alleinige Führer des Schiffes;[1] bei seiner Verhinderung geht die Gewalt aber notwendigerweise und ipso jure vermöge der sog. Schiffshierarchie auf denjenigen Angestellten über, welcher dem Kapitän im Range am nächsten steht.

Der Inhalt und Umfang der Schiffsgewalt bestimmt sich im allgemeinen nach ihren Zwecken und ist nur in gewissen Beziehungen gesetzlich festgelegt. Grundsätzlich ist davon auszugehen, daß der Kapitän gegen alle der Schiffsgewalt unterworfenen Personen diejenigen Zwangsmaßregeln anwenden darf, welche zur Erfüllung seiner Berufspflichten und zur Wahrung seiner Berufsrechte erforderlich sind.[2] Der Pflichtenkreis des Kapitäns hat sich aber mit der zunehmenden Feinheit der Schiffsbautechnik, des Handels- und des Verkehrslebens einerseits und der Ausdehnung der Staatsaufgaben andrerseits immer mehr erweitert, so daß heute dem Schiffer nicht nur die Verantwortlichkeit für das Schiff, das Leben und die Gesundheit der Mitfahrenden und für die Waren, sondern auch die Erfüllung vieler besonderer öffentlichrechtlicher Pflichten, z. B. nach §§ 16, 61—64 des Personenstandsgesetzes vom 6. Februar 1875 die Funktion eines Standesbeamten obliegt.[3]

Den nicht auf dem Schiffe angestellten Personen, insbesondere den Passagieren gegenüber äußert sich die Schiffsgewalt wesentlich in der Ausübung des Hausrechts, das wie in jedem anderen befriedeten Besitztum so auch auf dem Schiffe Geltung hat, und in der Durchführung der durch Gesetz, Gebrauch

---

[1] Über den bezw. die Inhaber der Schiffsgewalt in früheren Zeiten vgl. Wagner S. 344ff.

[2] Vgl. hierzu Binding, Handbuch S. 794; Perels, Handbuch S. 117 und Art. 97 des französischen Dekrets vom 24. März, 26. April 1852: Le capitaine, maître ou patron a, sur les gens de l'équipage et sur les passagers, l'autorité que comportent la sûreté du navire, le soin des marchandises et le succès de l'expédition.

[3] Vgl. u. a. noch §§ 18ff. Fl.R.G., das Gesetz betr. die Schiffsmeldungen bei den Konsulaten vom 25. März 1880 (R.G.Bl. S. 181); §§ 12ff., 51, 63, 70, 89, 92, 98, 99, 102, 103 S.O.; §§ 519ff., 522ff. H.G.B., das Gesetz betr. die Verpflichtung der Kauffahrteischiffe zur Mitnahme heimzuschaffender Seeleute vom 2. Juni 1902 (R.G.Bl. S. 212).

oder vom Schiffer selbst — und zwar den Passagieren gegenüber in erster Linie durch Vertrag[1] — festgesetzten Schiffsordnung (§ 668 H.G.B.), welche ihrerseits, wie es in § 29 des zit. preußischen Gesetzes vom 26. März 1864 heißt, die Ordnung und Eintracht an Bord erhalten bezw. vor Störungen schützen will. Den Nichtangestellten gegenüber zeigt die Schiffsgewalt somit im wesentlichen einen negativen Charakter.[2]

Anders ist es bei der Schiffsmannschaft. Bei ihr ist es besonders die vertragsmäßige positive Pflicht zur Leistung der übernommenen Dienste, deren Erfüllung einer außergewöhnlichen Gewährleistung bedarf. Deshalb unterstehen die Schiffsleute nicht nur im allgemeinen dem Hausrecht und der Schiffsordnung, sondern unmittelbar und unabhängig von jeder räumlichen Beziehung zum Schiffe einer weitgehenden Dienst- und Disziplinargewalt (Schiffsgewalt i. e. S.), kraft deren sie den Kapitän sowohl von rechtswidrigem Handeln abhalten als auch zu pflichtgemäßem Handeln zwangsweise anhalten kann.

Für die überwiegende Mehrzahl der deutschen Seeschiffe ist die gesamte Schiffsgewalt des Kapitäns gegenüber der Mannschaft in der Seemannsordnung mit Ausführlichkeit gesetzlich festgelegt und zwar nicht nur, soweit sie durch das Dienstverhältnis begründet, sondern auch soweit sie Ausfluß der oben ausgeführten Schiffsgewalt i. w. S. und auch wohl des Notstands- oder Notwehrrechts ist.[3] Der Kapitän ist nach S.O. nicht nur der Vertreter des Reeders in allen das Vertragsverhältnis betreffenden Angelegenheiten, sondern er ist zugleich der Dienstvorgesetzte der Schiffsleute und Schiffsoffiziere. Er hat über alle Angestellten — insbesondere zur Erzwingung der Dienstpflicht eine „nahezu militärische Zwangsgewalt"[4] und in gewissem, wenn auch heute sehr beschränktem Umfange eine Disziplinarstrafgewalt.[5]

---

[1] Boyens I S. 447 Anm. 2.

[2] Wagner S. 351.

[3] Vgl. hierzu Binding, Handbuch S. 794 Anm. 8.

[4] Motive 1872 zu § 73.

[5] Vgl. §§ 84ff. S.O., bes. §§ 87, 88, 91 Abs. 1 (Kostschmälerung bis zu dreitägiger Dauer).

Endlich erhält die Schiffsgewalt des Kapitäns gegenüber den Schiffsleuten eine weitere Ergänzung durch eine Anzahl öffentlicher Strafvorschriften. Die hierin geregelten Sonderdelikte der Schiffsleute sollen im folgenden einer eingehenderen Betrachtung unterzogen werden.

§ 2.

Der Begriff Schiffsmann.

Zu einer Darstellung der Sonderdelikte der Schiffsleute gehört in erster Linie eine Klarstellung des Begriffes Schiffsmann.

I. Eine gesetzliche Umgrenzung dieses Begriffes findet sich in § 2 S.O. Hiernach ist Schiffsmann jede zum Dienste auf dem Schiffe während der Fahrt für Rechnung des Reeders angestellte männliche oder weibliche Person mit Ausnahme des Kapitäns, der Schiffsoffiziere und die Lootsen.

Wesentlich ist hiernach:

1. Die Anstellung zum Dienste.

Unter Anstellung verstehen die Motive 1872 (zu § 3) und Stenglein (zu § 3) die „dauernde und organische Verknüpfung der Person mit dem Schiffsdienste". Diese bilderreiche Definition erklärt jedoch m. E. den Begriff nur wenig, weshalb noch auf einige andere Merkmale hingewiesen sei.

a) Die Anstellung ist als solche kein Rechtsgeschäft. Sie ist nicht identisch mit der Anheuerung (§§ 27ff. S.O.), noch weniger mit der Anmusterung (§ 13 S.O.). Jedoch setzt sie eine vorhergehende „Annahme" voraus, d. h. einen Vertrag, durch den die Verpflichtung des Angestellten zur Dienstleistung begründet wird.[1]

Die S.O. geht nun durchweg (vgl. insbes. §§ 8 Abs. 2, 12 Abs. 2, 13, 14 Abs. 2, 93 Abs. 1, Abs. 3, 94, 96 Abs. 1) davon aus, daß die Schiffsleute durch den Heuervertrag angenommen werden, einen Dienstvertrag besonderer Art, auf welchen in erster Linie die Vorschriften in §§ 27ff. i. V. mit § 1 Abs. 2 S.O., in

[1] Dies folgt bes. aus § 3 Abs. 2 S. 2 a. S.O.

zweiter Linie die Vorschriften in §§ 611ff. B.G.B. Anwendung finden. Daraus kann geschlossen werden, daß im Geltungsbereiche der S.O. für Schiffsleute jeder Art nur ein solcher Heuervertrag zur Grundlage einer rechtserheblichen Anstellung i. S. von § 2 Abs. 3 geeignet ist.[1]

b) Da die Anstellung einen Heuervertrag voraussetzt, kann wohl folgerichtig die Anstellung auf Grund eines nichtigen Heuervertrags den Angestellten nicht zum Schiffmann machen; denn ein nichtiger Heuervertrag ist rechtlich kein Heuervertrag.

Die Gültigkeit des Heuervertrags, der eine besondere Form des Abschlusses nicht erfordert (§ 27 S.O.), bestimmt sich aber grundsätzlich nach den allgemeinen Vorschriften des B.G.B (vgl. bes. §§ 105, 108, 109, 116 S. 2, 117 Abs. 1, 118, 119, 123, 142 Abs. 1). Zu beachten ist nur, daß die einem Minderjährigen erteilte Ermächtigung des gesetzlichen Vertreters, in Dienst oder Arbeit zu treten (§ 113 B.G.B.), ihn als solche nicht auch zur Eingehung von Heuerverträgen befähigt; hierzu ist vielmehr nach § 8 i. V. mit § 7 Abs. 2 S.O. eine besondere Ermächtigung zur Übernahme von Schiffsdiensten erforderlich. Andrerseits bedarf der Vormund nach § 7 Abs. 2 S. 2 S.O. zu dieser Ermächtigung entgegen der Vorschrift in § 1822 Z. 7 B.GB. niemals der Genehmigung des Vormundschaftsgerichts.

Auf den ersten Blick mag das Erfordernis eines gültigen — nicht nur eines formellen — Heuervertrags zum Erwerbe der Schiffsmannseigenschaft in seinen Konsequenzen gefährlich erscheinen; denn wenn sich z. B. ein auf einem Seeschiffe angestellter Minderjähriger wider den Willen seines gesetzlichen Vertreters verheuert hat, indem er etwa beim Abschlusse des Vertrags sich als volljährig ausgegeben oder die Zustimmung seines gesetzlichen Vertreters zur Übernahme von Schiffsdiensten der Wahrheit zuwider behauptet hat, so untersteht er nach der hier vertretenen Ansicht nicht den sich auf die Schiffsleute beziehenden Bestimmungen der S.O., insbesondere nicht den

---

[1] Ungeeignet ist mithin u. a. ein Vertrag, durch den sich der Angenommene zu unentgeltlicher Dienstleistung verpflichtet. Vgl. hierzu L. Perels zu § 57 Anm. 1b und 1d, aber auch Meves zu §§ 81—83 Anm. 1, Boyens I S. 451.

Disziplinar- und Strafbestimmungen. Eine Gefahr für das Schiff, die Ladung und die Mitfahrenden ist aber aus diesem Umstande gleichwohl nicht zu befürchten. Denn einmal muß sich nach der Ordnungsvorschrift in § 7 S.O. jeder, der im Reichsgebiete als Schiffsmann in Dienst treten will, vorher vor einem Seemannsamte über sein Alter und, wenn er minderjährig ist, über die Genehmigung seines gesetzlichen Vertreters zur Übernahme von Schiffsdiensten ausweisen, so daß die Fälle einer Anstellung auf Grund eines unwirksamen bezw. nichtigen Heuervertrags von vornherein auf eine geringe Zahl beschränkt sein werden. Weiter wird ein Angestellter jener Art von dem Kapitän oder den sonstigen Vorgesetzten, wenn diese die Nichtigkeit des Annahmevertrags nicht kennen, tatsächlich und insbesondere hinsichtlich der Disziplinarbestimmungen in §§ 84ff. in derselben Weise behandelt werden, wie ein ordentlicher Schiffsmann, ohne daß der betr. Vorgesetzte Gefahr läuft, sich dadurch haftbar oder strafbar zu machen. Endlich gewähren in jedem Falle das Hausrecht des Kapitäns (s. o. § 2) und nötigenfalls die Bestimmungen des St.G.B. über Notwehr und Notstand einen Schutz für die betroffenen Personen oder Güter. Selbstverständlich ist auch, daß die Strafbestimmungen des gemeinen Strafrechts auf einen Angestellten der besprochenen Art Anwendung zu finden haben.

Erwähnt sei noch, daß bei der ersten Beratung der a. S.O. im Reichstage die hier bekämpfte Meinung für die des Gesetzes gehalten wurde. Schon damals aber wurde sie in gewisser Hinsicht für bedenklich erachtet.[1]

c) Die Anstellung zum Dienste ist, wie oben erwähnt, kein Rechtsgeschäft. Sie ist vielmehr lediglich das Korrelat des Dienstantritts.

Wenn nun § 32 S.O. unter dem Dienstantritte den Zeitpunkt versteht, zu welchem der Schiffsmann sich an Bord einfindet, um die übernommenen Dienste zu leisten, so fällt die Anstellung zum Dienste vielleicht mit dem Zeitpunkt zusammen, von dem an der Angenommene nach dem Willen des Annehmenden sich an Bord einfinden und die übernommenen Dienste leisten soll,

[1] Vgl. Protokolle 1872 I S. 429ff.

mag er nun dieser Verpflichtung tatsächlich nachkommen oder nicht.

Dementsprechend dürfte der Angenommene so lange „angestellt" bleiben, bis ihn der Dienstberechtigte von der Pflicht zur Dienstleistung dauernd entbindet — was in der Regel mit der Abmusterung geschieht —, es sei denn, daß der Annahmevertrag als die Voraussetzung der Anstellung schon vorher unwirksam geworden ist.

Als ein ziemlich sicheres äußeres Merkmal dafür, ob der Schiffsmann den Dienst angetreten hat, dürfte seine Verpflegung auf Kosten des Schiffes zu betrachten sein.[1] Im allgemeinen wird dieses Kriterium auch für die Anstellung zutreffen.

d) Die Anstellung zum Dienste setzt nicht voraus, daß die übernommenen Dienste „dauernd" geleistet werden sollen. Dies ist weder nach dem Wortlaute des § 2 Abs. 3 SO. noch nach dem Begriffe der Anstellung erforderlich.[2]

Allerdings ist aber mit R.G.[3] anzunehmen, daß derjenige nicht unter die Schiffsleute gerechnet werden kann, der nur eine einzelne, von vornherein dem Umfange nach bestimmt abgegrenzte Arbeit auf dem Schiffe auszuführen hat; ein solcher ist nicht „zum Dienste", d. h. zu einem Komplex von Dienstleistungen, angestellt. Schon deshalb wird z. B. der Lotse nicht zu den Schiffsleuten zu zählen sein.

2. Der Schiffsmann muß weiterhin angestellt sein zum Dienste auf dem Schiffe während der Fahrt.

Welcher Art diese Dienste im übrigen sind, ist gleichgültig; es brauchen nicht notwendig Schiffsdienste i. e. S. zu sein, d. h. solche Dienste, die spezifisch im Schiffahrtsgewerbe benötigt werden oder „die zur Benutzung des Schiffes als Transportmittel unumgänglich nötig sind" (Meves zu § 3).[4] Daher gehören zu

---

[1] Vgl. § 43 S.O.; Wagner § 52 B II S. 352ff.

[2] Vgl. Wagner § 52 B I S. 352ff.; § 28 Abs. 1 S.O.

[3] R.G.St. vom 28. Juni 1894 Bd. 25 S. 439.

[4] Zu beachten ist, daß die S.O. dort, wo sie den Ausdruck Schiffsdienste gebraucht (§§ 32, 34), darunter die „Dienste auf dem Schiffe während der Fahrt" i. S. von § 2 Abs. 3 versteht.

den Schiffsleuten nicht nur die eigentlichen Matrosen, sondern auch der Schiffszimmermann, Schiffskoch, Steward usw.[1]

Daß die Schiffsleute zum Dienste auf dem Schiffe während der Fahrt angestellt sein müssen, schließt natürlich nicht aus, daß sie auch während das Schiff im Hafen oder auf der Reede liegt und dann unter Umständen auch am Lande zur Dienstleistung verpflichtet sind, §§ 34, 35 S.O. Dagegen ist durch das besprochene gesetzliche Erfordernis die in der Theorie und lange Zeit auch in der Praxis umstrittene Frage, ob die nur während des Aufenthalts des Schiffes im Heimatshafen dauernd darauf angestellten Leute oder die das Löschen und Laden besorgenden Schauerleute jemals zur Schiffsmannschaft zu rechnen sind, endgültig in verneinendem Sinne entschieden.[2]

3. Der Schiffsmann muß endlich für Rechnung des Reeders angestellt sein, d. h. er muß Lohn und Unterhalt auf Kosten desjenigen bekommen, dem das Schiff zum Erwerbe durch die Seefahrt dient, § 484 i. V. mit § 510 H.G.B.

4. Daß die Eigenschaft eines Schiffsmanns durch die erfolgte Anmusterung, d. i. nach § 13 S.O. die Verlautbarung des mit dem Schiffsmanne geschlossenen Heuervertrags vor einem Seemannsamte, nicht bedingt ist, wurde nur deshalb in § 2 Abs. 3 besonders hervorgehoben, weil der weniger gebildete Teil der Schiffsmannschaft die sich unter behördlicher Mitwirkung vollziehende Anmusterung leicht für das Entscheidende achtet.[3]

Ebenso ist die Bestimmung, daß auch die weibliche Angestellte die Rechte und Pflichten des Schiffsmanns hat, § 3 Abs. 3 S. 2 S.O., an sich selbstverständlich. Genauer hätte freilich bestimmt werden sollen, daß die weibliche Angestellte „als Schiffsmann gelten" solle, um damit, was zweifellos der Wille des

---

[1] Die a. S.O. (§ 3) schied die Angestellten der letzteren Art begrifflich von der Schiffsmannschaft, worunter sie die zu Schiffsdiensten i. e. S. Angestellten verstand, stellte sie aber in Rechten und Pflichten der Schiffsmannschaft gleich.

[2] Vgl. Motive 1902 zu § 2; R.G.St. vom 28. Juni 1894 Bd. 25 S. 439; Boyens I S. 195; Perels, Öffentliches Seerecht zu § 3 S.O.; Perels, Handbuch S. 143; Wagner § 52 B I S. 352ff., Meves zu § 3.

[3] Protokolle 1872 I S. 429ff.

Gesetzgebers ist, auch die Vorschriften der S.O. unzweideutig auf weibliche Schiffsleute für anwendbar zu erklären, in denen es sich, wie in §§ 99, 126 S.O., nicht wesentlich um Rechte oder Pflichten der Schiffsleute handelt.[1]

5. Von den zum Dienste auf dem Schiffe während der Fahrt für Rechnung des Reeders angestellten Personen gehören nicht zu den Schiffsleuten i. S. der S.O.:

a) Der Kapitän i. S. von § 2 Abs. 1 S.O., d. i. der Führer des Schiffes (Schiffer), in dessen Ermangelung oder Verhinderung aber sein Stellvertreter. Der letztere Zusatz bezweckt nach den Motiven 1872 (zu § 2) nur eine Regelung und Vereinfachung der für die folgenden Bestimmungen geltenden Terminologie.

Als Stellvertreter des Kapitäns i. S. von § 2 Abs. 1 S.O. ist mit Meves (zu § 2) derjenige anzusehen, der in Ermangelung oder Verhinderung des Kapitäns die Führung des Schiffes zu übernehmen befugt ist und übernimmt.[2] Eine dauernde Verhinderung des Kapitäns ist dabei nicht erforderlich, sondern es genügt z. B., wenn der Kapitän um auszuruhen auf kurze Zeit die Führung des Schiffes in andere Hände legt.[3]

Eine materielle Vorschrift darüber, wem im Einzelfalle die Stellvertretung des Kapitäns zustehen soll, insbesondere eine Vorschrift über die Reihenfolge, in der sie auf die Schiffsoffiziere übergehen soll, enthält die S.O. nicht. Nach der Praxis steht aber das Recht zur Stellvertretung des Kapitäns in erster Linie dem vom Reeder hierzu bestimmten Schiffsoffizier, im Zweifel dem Steuermann bezw. ersten Steuermann — auf kleineren Schiffen dem sog. Bestmann — zu und geht schließlich nach der Schiffshierarchie (s. o. § 2) immer auf denjenigen Schiffsoffizier und in Ermangelung eines solchen auf

---

[1] L. Perels zu § 2 Anm. 5.

[2] Insoweit hat das Wort Stellvertreter hier eine tatsächliche Bedeutung. Vgl. Perels, Handbuch S. 113ff.; Wagner S. 345. Die handelsrechtliche Vollmacht des Schiffers geht nicht notwendig auf den Stellvertreter i. S. von § 2 Abs. 1 S.O. über.

[3] Vgl. Perels, Öffentliches Seerecht zu § 2 S.O.; Stenglein zu § 2 Anm. 2; Motive 1902 zu § 2.

einen Schiffsmann über, der dem Kapitän im Range am nächsten steht. Über das Rangverhältnis aber wird in der Regel die Musterrolle (§ 14 S.O.) Aufschluß geben.

b) Nicht zu den Schiffsleuten i. S. von § 2 Abs. 3 S.O. zählen weiterhin die Schiffsoffiziere, das sind die zur Unterstützung des Kapitäns in der Führung des Schiffes bestimmten Angestellten, welche zur Ausübung ihres Dienstes eines staatlichen Befähigungsnachweises bedürfen (Schiffsoffiziere i. e. S.), sowie die Ärzte, Proviant- und Zahlmeister. Letztere „gelten als" Schiffsoffiziere, § 2 Abs. 2 S.O.[1]

Durch diese Begriffsbestimmung setzt sich die S.O. absichtlich in Gegensatz zu der bisher verbreiteten Theorie, daß alle die Angestellten als Schiffsleute zu erachten seien, die mit einer gewissen Kommandogewalt ausgestattet sind.[2] Letzteres ist vielmehr nach S.O. als Voraussetzung für die Stellung eines Schiffsoffiziers weder erforderlich noch genügend.[3] Allerdings hat aber die Stellung als Schiffsoffizier nach § 3 Abs. 2 S. 1 eine gewisse Dienstgewalt über alle Schiffsleute zur Folge.

Zur Unterstützung des Kapitäns in der Führung des Schiffes, d. h. nach den Motiven 1902 insbesondere zur Leitung des Deckdienstes — vorzüglich von der Kommandobrücke aus — und bei Dampfern in der Leitung der Maschine, kann im Einzelfalle jeder Angestellte bestimmt werden. Eines staatlichen Befähigungsnachweises bedürfen aber unter jenen Angestellten nach § 31 G.O. nur die berufsmäßigen Seesteuerleute und die Maschinisten auf Seedampfschiffen.

Nach der a. S.O. wurden die Schiffsoffiziere schlechthin zu den Schiffsleuten gerechnet. Jetzt sind sie als eine dritte Gruppe der Schiffsbesatzung zwischen dem Kapitän und den gewöhnlichen Schiffsleuten herausgehoben, weil dies nach den Motiven im

---

[1] Diese Definition entspricht fast wörtlich dem von F. Perels, Öffentliches Seerecht zu § 3 S.O. entsprechend der in Schiffahrtskreisen herrschenden Auffassung aufgestellten Begriffe der Schiffsoffiziere, nur daß dort noch die Schiffsgeistlichen den Offizieren hinzugerechnet werden.

[2] Perels, Handbuch S. 114; Boyens I S. 450.

[3] Näheres in den Motiven 1902 zu § 2.

Interesse ihrer dienstlichen Autorität und mit Rücksicht auf die hohen Anforderungen an ihre gesellschaftliche und wissenschaftliche Bildung notwendig erschien. Jedoch finden nach § 3 Abs. 2 S. 2 S.O. auf die Schiffsoffiziere die für die Schiffsmannschaft oder den Schiffsmann geltenden Vorschriften Anwendung, soweit nicht ausdrücklich ein anderes festgesetzt ist. Dies gilt insbesondere auch von den Strafvorschriften.

c) Endlich gilt nach § 2 Abs. 3 S. 3 S.O. auch der Lotse nicht als Schiffsmann und zwar weder Privatlotse noch der Zwangslotse.[1]

Mit Rücksicht auf die besonders in bezug auf den ersteren schwankende Theorie[2] wurde es für zweckmäßig erachtet, den Lotsen auch ausdrücklich aus der Zahl der Schiffsleute auszunehmen, obwohl er schon nach dem jetzt fest umschriebenen Begriff der Schiffsleute nicht zu diesen gehören dürfte (s. o. unter I 1 d).

II. Der im vorstehenden erläuterte Begriff des Schiffsmanns gilt zunächst, wie das Gesetz ausdrücklich betont, nur für die Vorschriften der S.O. Daraus darf jedoch nicht geschlossen werden, daß jene Begriffsbestimmung für andere Reichsgesetze schlechthin unverwendbar sein solle; ihre Verwendbarkeit für die Vorschriften anderer Reichsgesetze ist nur jedesmal eine Frage besonderer Gesetzesauslegung.

Wenn z. B. § 481 H.G.B. die Schiffsbesatzung einteilt in den Schiffer, die Schiffsoffiziere, die Schiffsmannschaft, sowie alle übrigen auf dem Schiffe angestellten Personen, so ist klar, daß im H.G.B. unter Schiffsmannschaft nur die zu Diensten seemännischer Art Angestellten (Schiffsleute i. e. S.) zu verstehen sind, soweit nicht im einzelnen Falle eine vernünftige Analogie eine weitere Ausdehnung des Begriffes fordert.

Die §§ 297 und 298 St.G.B. hingegen gebrauchen den Ausdruck Schiffsmann, ohne ihn irgendwie zu definieren. Eine dem

---

[1] Über den Unterschied beider s. Boyens I S. 154.

[2] Vgl. Boyens I S. 446; Perels, Öffentliches Seerecht zu § 297 St.G.B.; Stenglein zu § 2 Anm. 5 S.O.; Perels, Handbuch S. 143 ff.; Wagner § 52 B I S. 352 ff.; Motive 1902 zu § 2.

gewöhnlichen Sprachgebrauche entnommene Auslegung des Wortes würde hier dazu führen, in beiden Fällen als Schiffsmann nur den Schiffsmann i. e. S. anzusehen. Der juristische Sprachgebrauch des Wortes ist, weil schwankend, für die Auslegung zunächst nicht zu verwerten. Der *ratio legis* entspräche es, unter Schiffsmann in § 297 jeden auf dem Schiffe Angestellten irgend welcher Art — sc. außer dem Kapitän —, der die Reise mitmacht,[1] in § 298 jeden Angestellten zu verstehen, der Heuer empfangen hat. Die akzessorische Natur des Strafrechts aber und der Zusammenhang der §§ 297, 298 St.G.B. mit der Seemannsordnung, welche in den §§ 87, 88, sowie in dem Abschnitte über das Vertragsverhältnis (§§ 32, 33, 34) den Schiffsleuten i. S. von § 2 Abs. 3 i. V. mit § 3 Abs. 2 S.O. solche Pflichten auferlegt, deren Verletzung die erwähnten Vorschriften des St.G.B. unter Strafe stellen, läßt es richtig erscheinen, den Schiffsmannsbegriff des St.G.B. mit BINDING[2] aus der S.O. als dem für Schiffsleute geltenden Spezialgesetze zu entlehnen und zwar dergestalt, daß die Schiffsoffiziere i. S. von § 2 Abs. 2 S.O. ohne weiteres den Schiffsleuten zugezählt werden. Geschah doch in der S.O. ihre Ausscheidung aus der Zahl der Schiffsleute nicht deshalb, um sie diesen als eine andere Berufsklasse gegenüber zu stellen, sondern nur, um sie als qualifizierte Schiffsleute auch äußerlich erscheinen zu lassen.

Für die hier vertretene Auffassung spricht zudem noch folgende Erwägung: Wenn § 93 Abs. 3 S.O. in allerdings m. E. wenig glücklicher Fassung bestimmt, daß der Schiffsmann, d. i. der Schiffsmann i. S. von § 2 Abs. 2 i. V. mit § 3 Abs. 2 S. 2 S.O., welcher mit der Heuer entweicht oder sich verborgen hält, um sich dem übernommenen Dienste zu entziehen, mit der in § 298 St.G.B. angedrohten Gefängnisstrafe belegt werden soll, so ist damit notwendig zum Ausdruck gebracht, daß für alle nach § 93 Abs. 3 S.O. delinquierenden Personen eine Strafe bereits in § 298 St.G.B. festgesetzt ist. Letzteres ist aber wiederum nur dann zutreffend, wenn der Schiffsmannsbegriff in § 298 St.G.B.

---

[1] Vgl. die Worte „an Bord nimmt".

[2] BINDING, Lehrbuch S. 252.

dem Schiffsmannsbegriff der S.O. (einschließlich des Begriffs der Schiffsoffiziere!) gleich ist oder wenn er weiter als dieser ist. Tatsächlich dürften beide Begriffe identisch sein.

III. Von den Schiffsleuten bezw. der Schiffsmannschaft sind zu unterscheiden:

1. Die Schiffsbesatzung, §§ 481, 512, 522, 525 H.G.B., d. s. sämtliche auf dem Schiffe angestellten Personen einschließlich des Schiffers.[1]

2. Die Seeleute, Mitnahmegesetz vom 2. Juni 1902 und S.U.V.G. vom 30. Juni 1900, d. s. nach § 1 Abs. 1 Z. 1 S.U.V.G. die Personen, welche auf deutschen Seefahrzeugen als Schiffer, Personen der Schiffsmannschaft, Maschinisten, Aufwärter oder in anderer Weise zur Schiffsmannschaft gehören. Hiernach sind unter Seeleuten wohl die Mitglieder der Schiffsbesatzung zu verstehen.

3. Die auf einem Seefahrzeuge beschäftigten Personen, § 57 i. V. mit § 1 Abs. 1 Ziff. 1 bis 3 und § 2 S.U.V.G.

4. Wesentlich anderes bezeichnet endlich der Begriff Seemannschaft, Bekanntmachung, betr. den Nachweis der Befähigung als Seeschiffer oder Seesteuermann auf deutschen Kauffahrteischiffen vom 6. August 1887 (R.G.Bl. S. 395) Anlagen I D, II D und III D.[2]

I. Die Delikte der Schiffsleute nach der Seemannsordnung.

A. Allgemeines.

§ 3.

Das sachliche Geltungsgebiet der Seemannsordnung.

Das Geltungsgebiet der Seemannsordnung ist nach S.O. § 1 Abs. 1 sachlich grundsätzlich beschränkt auf die

[1] Näheres bei BOYENS I S. 83, 154, 162 und in den dort zitierten Entscheidungen des RG.; ferner R.G.C. vom 26. April 1884 Bd. 13 S. 114 und vom 11. Dezember 1902 Bd. 50 S. 35; PERELS, Öffentliches Seerecht zu § 3 SO.; PERELS, Handbuch S. 143; WAGNER S. 352 ff.; Motive 1902 zu § 2.

[2] Jetzt Bekanntmachung, betr. den Befähigungsnachweis und die Prüfung der Seeschiffer und Seesteuerleute auf deutschen Kauffahrteischiffen, vom 16. Januar 1904 (R.G.Bl. 1904 S. 3), Anlagen.

Kauffahrteischiffe, welche das Recht, die Reichsflagge zu führen, ausüben dürfen. Hiernach finden auch die Strafvorschriften der Seemannsordnung nur auf solche Schiffsleute Anwendung, die auf einem Kauffahrteischiffe der erwähnten Art angestellt sind, so daß vor einer ausführlicheren Besprechung der Strafvorschriften selbst eine nähere Bestimmung dieser Schiffsgattung unumgänglich erscheint.

1. Unter Kauffahrteischiffen sind nach der gesetzlichen Begriffsbestimmung in dem Gesetz, betr. das Flaggenrecht der Kauffahrteischiffe vom 22. Juni 1899 (Fl.R.G.) § 1 Abs. 1, worauf auch S.O. § 1 Abs. 1 Bezug nimmt, die zum Erwerbe durch die Seefahrt bestimmten Schiffe zu verstehen.

a) Der Begriff der Seefahrt, der mit Rücksicht auf den Umfang des Begriffes „See" an sich ein unbestimmter ist, hat der Bundesrat auf Grund von Fl.R.G. § 25 in § 1 seiner Bekanntmachung, betr. Ausführungsbestimmungen zum § 25 des Flaggengesetzes vom 22. Juni 1899, vom 10. November 1899 (R.G.Bl. S. 380) für die Küste des Reichsgebietes räumlich fest umgrenzt. Für die Schutzgebiete steht die Bestimmung der Grenzen der Seefahrt nach § 1 Abs. 2 der zit. Bekanntmachung dem Reichskanzler oder dem von ihm hierzu ermächtigten Beamten zu. Näheres bei Meves zu Fl.R.G. § 1 Note 2.

b) Zum Erwerbe durch die Seefahrt bestimmt sind alle Schiffe, welche durch die Seefahrt irgend welchen Nutzen suchen,[1] also nicht nur die zur entgeltlichen Waren- oder Personenbeförderung dienenden Schiffe, sondern auch die Lotsen-, Hochseefischerei-, Bergungs- und Schleppfahrzeuge, die denn auch Fl.R.G. § 1 Abs. 1 und zwar lediglich zur klaren Erläuterung des Begriffes Kauffahrteischiffe diesen im Gegensatz zum alten Flaggenrechtsgesetz vom 28. Juni 1873 ausdrücklich hinzurechnet. Zu den Hochseefischereifahrzeugen gehören auch die zur Gewinnung von Korallen-, Schwämmen und sonstigen Meeresprodukten, nicht lediglich die zum Fischfang bestimmten Fahrzeuge. Der Begriff der hohen See aber ergibt sich aus dem Gegensatz zu den Küstengewässern. Diese erstrecken sich wiederum nach

[1] Vgl. Meves zu Fl.R.G. § 1 Note 3 Abs. 2.

einem im wesentlichen anerkannten völkerrechtlichen Grundsatze bis zur jederzeitig größten Tragweite der Geschütze vom niedrigsten Ebbestande an gerechnet. Richtiger dürfte man aber wohl die Anfangsgrenze der hohen See, jedenfalls für die Nordsee, im Anschluß an Art. 2 des internationalen Vertrags betr. die polizeiliche Regelung der Fischerei in der Nordsee außerhalb der Küstengewässer vom 6. Mai 1882 (R.G.Bl. 1884 S. 25) auf 3 Seemeilen von der Niedrigwassergrenze an, in den Buchten nach zit. Art. 2 Abs. 2 bestimmen.[1]

Niemals gehören zu den Kauffahrteischiffen die staatlichen Lotsen- und Schleppfahrzeuge, selbst wenn für ihre Benutzung Gebühren erhoben werden; denn diese Gebühren dienen grundsätzlich nur zur Deckung der Betriebsunkosten, während der Erwerbszweck fehlt. Vgl. auch Motive zu Fl.R.G. § 1.

c) Für die Bestimmung zum Erwerbe durch die Seefahrt ist nicht die einzelne Fahrt, sondern die allgemeine Absicht des Betriebes maßgebend.

d) In Gegensatz zu den Kauffahrteischiffen stehen außer den Schiffen der Kriegsmarine einschließlich der Zollkreuzer (R.G.C. vom 19. Dezember 1893, Bd. 32 S. 146) die Lustyachten, Schulschiffe, Vermessungsfahrzeuge, Kabelschiffe, zu wissenschaftlichen Zwecken bestimmte Schiffe usw.

2. Das Recht zur Führung der Reichsflagge steht den Kauffahrteischiffen nach Fl.R.G. § 2 nur dann zu, wenn sie im ausschließlichen Eigentum von Reichsangehörigen stehen. Den Reichsangehörigen werden die in Fl.R.G. § 2 Abs. 2 aufgezählten Handelsgesellschaften, Genossenschaften und juristischen Personen unter den dort angegebenen Voraussetzungen gleichgeachtet. Näheres bei Meve zu Fl.R.G. § 2.

3. Die Befugnis zur Ausübung des Rechts zur Führung der Reichsflagge hat in der Regel weiterhin nach Fl.R.G. §§ 11 Abs. 2, 10 grundsätzlich die vorherige Erteilung des Schiffszertifikates zur Bedingung, d. h. dem Reeder muß über die Eintragung des Schiffes in das Schiffsregister von dem Register-

---

[1] So Hälschner, Das gemeine deutsche Strafrecht, Bonn 1881—1887 2. Band 2. Abt. S. 983.

gericht (Fl.R.G. § 4 Abs. 2) eine mit dem Inhalte der Eintragung übereinstimmende Urkunde erteilt[1] worden sein.

Entbehrlich ist die Erteilung des Schiffszertifikates nur in den Fällen der §§ 16, 12 Abs. 1 und Abs. 2 Fl.R.G.

4. Eine weitere Ausdehnung findet das Geltungsgebiet der Seemannsordnung nach Fl.R.G. § 26 auf seegehende Lustyachten, auf ausschließlich zur Ausbildung von Seeleuten bestimmte Seefahrzeuge, auf solche Fahrzeuge, die für Rechnung auswärtiger Staaten oder deren Angehörigen im Inlande erbaut sind und möglicherweise nach § 26 Abs. 2 kraft einer mit Zustimmung des Bundesrats erlassenen kaiserlichen Verordnung[2] auch auf andere nicht zum Erwerbe durch die Seefahrt bestimmten Seefahrzeuge, sofern diese Fahrzeuge nach Fl.R.G. §§ 2 i. V. mit § 26 Abs. 1 S. 1, Abs. 2 das Recht zur Führung der Reichsflagge besitzen und von diesem Rechte Gebrauch machen. Denn dann unterliegen diese Schiffe, wie Fl.R.G. § 26 Abs. 1 S. 2 ganz allgemein bestimmt, „den für Kauffahrteischiffe geltenden Vorschriften", sonach aber auch, da sie das Recht zur Führung der Reichsflagge ausüben dürfen, den Vorschriften der Seemannsordnung. Die Fähigkeit des aus gleicher Rechtsquelle wie die Seemannsordnung fließenden Flaggenrechtsgesetzes, das Geltungsgebiet der Seemannsordnung selbständig zu erweitern, ist aber unbestreitbar, und ein Grund für eine einschränkende Auslegung des § 26 Abs. 1 S. 2 ist nicht ersichtlich. Vgl. auch L. Perels zu S.O. § 1 Anm. 1b Satz 5.

5. Endlich kann nach S.O. § 1 Abs. 2 durch kaiserliche Verordnung mit Zustimmung des Bundesrats bestimmt werden, daß die Vorschriften der S.O. ganz oder teilweise auch auf Binnenschiffe Anwendung finden, die ausschließlich auf ausländischen Gewässern verkehren und deshalb nach § 26a Fl.R.G. unter den sonstigen hierzu erforderlichen Voraussetzungen das Recht zur Führung der Reichsflagge ausüben dürfen. Vgl. hierzu die kaiserliche Verordnung vom 1. März 1900 R.G.Bl. S. 41.

---

[1] d. i. nicht notwendig ausgehändigt, vgl. Motive zu Fl.R.G. § 11.

[2] Vgl. die Verordnung, betr. die Erstreckung der für Kauffahrteischiffe geltenden Vorschriften auf die Gouvernementsfahrzeuge der Schutzgebiete, vom 5. Juli 1903, R.G.Bl. S. 257.

6. Daß die unter die Bestimmungen der S.O. fallenden Schiffe das Recht zur Führung der Reichsflagge auch tatsächlich ausüben, ist — außer in den unter 4. erwähnten Fällen — für die Anwendbarkeit dieser Bestimmungen nicht erforderlich.

7. Gemäß § 134 S.O. kann die Anwendung gewisser Vorschriften der S.O. für kleinere Fahrzeuge (Küstenfahrer usw.) durch Verordnung des Bundesrats ausgeschlossen werden. Gesetzlich ohne weiteres ausgeschlossen ist die Anwendung gewisser Vorschriften der S.O. nach § 135 für Seeschlepper, Bergungs- und Hochseefischereifahrzeuge.

Die strafrechtlichen Bestimmungen sind aber weder in § 134 noch in § 135 S.O. erwähnt. Sie bleiben auch nach allgemeinen Grundsätzen in allen in § 134 und § 135 S.O. aufgezählten Fällen trotz des Ausschlusses von § 1 Abs. 2 S.O. als solche zwingend bestehen; jedoch entfallen sie natürlicherweise, soweit durch den Ausschluß der in §§ 134, 135 gedachten Gesetzesbestimmungen ihre Normen fehlen, z. B. entfällt die Strafvorschrift in § 114 Z. 7 S.O., wenn nach §§ 134, 135 i. V. mit § 1 Abs. 2 die Auszahlung der Heuer und der Vorschüsse anders als in §§ 46, 48 S.O. geregelt ist.

§ 4.

Die allgemeinen strafrechtlichen Bestimmungen der Seemannsordnung und ihre Besonderheiten im Verhältnis zum Reichsstrafgesetzbuch.

Grundsätzlich sind auch bei Anwendung der in der S.O. für die Schiffsleute enthaltenen Strafbestimmungen die einleitenden und die im ersten Titel des Strafgesetzbuchs für das Deutsche Reich enthaltenen allgemeinen strafrechtlichen Bestimmungen zu beachten.

Bemerkenswerte Ausnahmen von diesem Grundsatze zeigen jedoch:

1. § 121 Abs. 1 und 3 S.O. Hiernach findet im Gegensatz zu §§ 3, 4 Abs. 1 Z. 3 Abs. 2, § 5 Z. 3 und § 6 St.G.B. die Verfolgung der durch die S.O. mit Strafe bedrohten Handlungen der

Schiffsleute ohne Einschränkung auch dann statt, wenn sie außerhalb des Reichsgebiets begangen sind, also auch dann,

a) wenn es sich um eine Übertretung handelt,

b) wenn die betreffende Handlung durch die Gesetze des Orts der Begangenschaft nicht mit Strafe bedroht ist,

c) wenn der nach den Gesetzen des Auslandes zur Verfolgbarkeit der Handlung etwa erforderliche Antrag nicht gestellt worden ist, und auch

d) wenn der Täter ein Ausländer ist, wie § 121 Abs. 3 im Gegensatz zu § 100 a. S.O. noch ausdrücklich hervorhebt.[1]

Sowohl für Inländer als für Ausländer ist die Strafverfolgung anders als in den Fällen von § 4 Abs. 2 St.G.B. obligatorisch. Für Inländer erhellt dies ohne weiteres aus dem Wortlaute des § 121 Abs. 1 S.O., während § 121 Abs. 3 S.O.[2] nur zur Erläuterung von Abs. 1 bestimmt ist und daher aus seiner Fassung, die an sich Zweifeln Raum geben kann, für Ausländer nichts Gegenteiliges gefolgert werden darf.

Dem Reichsgebiete i. S. von § 121 S.O. dürften nach der Terminologie der S.O. die Schutzgebiete nicht zuzuzählen sein, wenngleich sie nach S.O. § 6 Abs. 1 als Inland gelten sollen (s. u.). Hingegen darf man das Reichsgebiet nach allgemein anerkannten staats- und völkerrechtlichen Grundsätzen wohl unbedenklich auf dessen Küstengewässer erstrecken.

Schwieriger ist die Frage, ob die deutschen Schiffe auf offener See als Reichsgebiet i. S. von § 121 S.O. anzusehen sind.

Für die Begehung dieser Frage spricht der Umstand, daß die Rechtsfiktion, wonach das Schiff seinen Heimatsboden fortsetzt und auf offener See gewissermaßen einen vorübergehend losgelösten Teil seines Heimatsgebiets darstellt, sowohl allgemein bei der Auslegung von § 8 St.G.B., als auch „mehr oder minder überall in den Bestimmungen der S.O. anerkannt“[3] ist.

---

[1] Hingegen liegt kein Grund vor, die Geltung von § 5 Z. 1 St.G.B. für die S.O. auszuschließen, vgl. Binding, Lehrbuch S. 416 Anm. 5.

[2] Ein entsprechender Zusatz fehlte zu § 100 a. S.O.

[3] Vgl. u. a. Boyens I S. 23; Wagner S. 309 ff.; Motive 1672 zu §§ 1 und 109; Protokolle 1872 I.

Gegen die Auffassung, daß auch in § 121 S.O. unter dem Reichsgebiet nicht das Reichslandgebiet, sondern das Reichsgewaltgebiet[1] zu verstehen ist, läßt sich jedoch geltend machen, daß durch die Ausdehnung des Begriffes Reichsgebiet auf die auf offener See befindlichen deutschen Schiffe die Anwendbarkeit von § 121 Abs. 2 S.O. (s. u. 2.) dessen offensichtlicher Zweckbestimmung zuwider sehr erheblich beschränkt werden würde. Auch ist zu beachten, daß in § 126 S.O. ebenso wie in § 10 St.P.O. die offene See dem Auslande einerseits und dem Inlande andrerseits als ein dritter Begriff gegenübergestellt ist, während das „Reichsgebiet" nach § 6 S.O., wo es den Schutzgebieten, die doch auch zu den Reichsgewaltgebieten gehören, begrifflich gegenübersteht, eine rein territoriale Bedeutung zu haben und eine Unterart des „Inlandes" zu sein scheint.

2. Der erwähnte § 121 Abs. 2, für dessen Tragweite die Klarstellung des Begriffes „Reichsgebiet" in Abs. 1 und seines Verhältnisses zur offenen See von großer Wichtigkeit ist,[2] bestimmt, daß die Verjährung der außerhalb des Reichsgebiets begangenen strafbaren Handlungen erst mit dem Tage beginnen soll, an dem das Schiff, auf dem der Täter zur Zeit der Begehung angestellt war, zuerst ein Seemannsamt erreicht.

Durch die Vorschriften in §§ 67 Abs. 4, 61, 68 St.G.B., wonach die Verjährung der Strafverfolgung mit dem Tage der Begangenschaft beginnt, die Strafverfolgung von Übertretungen schon in 3 Monaten verjährt und die Verjährung aller Delikte nur durch Vornahme einer richterlichen Handlung[3] unterbrochen wird, würde die Verfolgung der außerhalb des Reichslandgebiets begangenen strafbaren Handlungen in vielen Fällen vereitelt werden. Diesem Umstande soll durch die abweichende Regelung des Verjährungsbeginnes in § 121 Abs. 2 S.O. abgeholfen

[1] Vgl. Binding, Grundriß S. 77.

[2] Dies übersieht Meves, wenn er zu § 100 a. S.O. behauptet, daß durch § 100 Abs. 1 die völkerrechtliche Kontroverse, wieweit in das Meer hinein das Herrschaftsgebiet der Küstenländer reicht, vollkommen abgeschnitten sei.

[3] Nicht also auch durch die in § 98 S.O. vorgesehene Aufzeichnung.

werden, wobei allerdings der Grundgedanke der Verjährung der Strafverfolgung, möge man ihn nun in der „alles sühnenden Macht der Zeit“ oder in der allmählichen Zerstörung der Beweismittel erblicken, nicht beachtet ist.

Seemannsämter sind im Reichsgebiete die landesrechtlich, in den Schutzgebieten die vom Reichskanzler auf Grund von § 5 S.O. bestellten Behörden, im Auslande die Konsulate des Reichs für Hafenplätze. Sobald das Schiff ein solches Seemannsamt erreicht und Anzeige erstattet ist, hat dieses in den Übertretungsfällen der §§ 93 Abs. 1, 95, 96 und 107 S.O.,[1] ein Seemannsamt außerhalb des Reichsgebiets überdies auch in dem Vergehensfalle des § 93 Abs. 2 S.O., nach verantwortlicher Vernehmung des Angeschuldigten (Beschuldigten) diesem nach § 123 S.O. einen „Bescheid“ zu erteilen, der in betreff der Verjährung ebenso wirkt, wie eine richterliche Handlung. Für die Vergehens- und Verbrechensfälle in §§ 93 Abs. 3, 101 bis 106, 108, 109 ist infolge ihrer für die meisten Fälle ausreichenden Verjährungsfrist eine Unterbrechung der Verjährung durch einen solchen Bescheid entbehrlich.

Der Kapitän ist nicht verpflichtet, in den Fällen von § 122 S.O. zur Ermöglichung der Strafverfolgung gerade das Seemannsamt aufzusuchen, welches dem Orte der Begehung der Tat am nächsten liegt; die Verjährung der Strafverfolgung bleibt vielmehr ohne weiteres so lange gehemmt, bis das Schiff ein Seemannsamt erreicht. Nach Meves[2] ist damit das Seemannsamt gemeint, welches der Schiffer in bestimmungsmäßiger Ausführung seiner Reise zuerst erreicht.

3. Den Zweck, einer Vereitelung der Strafverfolgung infolge zeitweiser Unmöglichkeit derselben entgegenzutreten, verfolgt teilweise auch die von § 61 St.G.B. abweichende Bestimmung in § 96 Abs. 4 S. 2 S.O. über das Antragsrecht in den Fällen des § 96 S.O. (nicht auch des § 93 Abs. 1 und 2).

Zu beachten ist auch, daß in den Fällen des § 96 S.O. anders als nach § 64 St.G.B. die Zurücknahme des Antrags bis zur rechtskräftigen(!) Entscheidung zulässig ist, vgl. § 96 Abs. 4 S. 3.

---

[1] Vgl. unten §§ 5, 12.

[2] zu § 100 S.O.

Näheres s. unten zu § 96 S.O.

Eine Besonderheit gegenüber den vom St.G.B. beobachteten allgemeinen Grundsätzen bietet weiterhin

4. die Strafdrohung in §§ 95, 96 Abs. 1 und 3, 97, wonach sich die Strafhöhe erstreckt bis zum Betrage der einmonatlichen — bei Schiffsoffizieren nach Ermessen bis zum Betrage der zweimonatlichen — Heuer, die der zu bestrafende Schiffsmann bezw. Schiffsoffizier zur Zeit der Begangenschaft (?) bezieht, im Falle einer nicht monatweise bedungenen Heuer aber bis zu dem der ein- bezw. zweimonatlichen Heuer entsprechenden Geldbetrage.

Jenachdem die Höhe der im einzelnen Falle möglichen Strafe hiernach den Betrag von 150 Mark überschreitet oder nicht, wird die Tat als ein Vergehen oder eine Übertretung anzusehen sein.[1] Darnach bestimmt sich wiederum der Mindestbetrag der Strafe, über den S.O. schweigt, nach § 27 St.G.B. auf 3 Mark oder 1 Mark, während nach § 28 i. V. mit § 29 St.G.B. die nicht beizutreibende Geldstrafe im ersten Falle grundsätzlich in Gefängnis,[2] im zweiten Falle aber in Haft umzuwandeln ist. Auch die Verjährungsfristen regeln sich entsprechend entweder nach § 67 Abs. 2 oder nach § 67 Abs. 3 St.G.B.

5. Endlich ist dem St.G.B., obwohl auch bei einzelnen dort behandelten Straftaten, wie bei den Verbrechen und Vergehen im Amte, ein Zusammentreffen von öffentlicher Strafe und Disziplinarstrafe möglich ist, eine allgemeine Bestimmung von der Art des § 110 S.O. fremd, wonach eine erlittene Disziplinarstrafe in dem Strafbescheide des Seemannsamtes wie in dem gerichtlichen Strafurteil bei Abmessung der Strafe berücksichtigt werden muß.[3]

---

[1] Vgl. hierzu Stenglein zu § 95 S.O. Anm. 2.

[2] s. aber § 28 Abs. 2 St.G.B.

[3] Nach § 95 a. S.O. durfte die Disziplinarstrafe nur berücksichtigt werden, während diese Berücksichtigung nach dem preußischen Gesetze zur Aufrechterhaltung der Mannszucht auf den Seeschiffen vom 31. März 1841 sogar ausdrücklich untersagt war, vgl. Motive 1872 zu § 96.

B. Die einzelnen Delikte.

§ 5.

Der Bruch des Heuervertrags oder die Desertion.

Für die Seeschiffahrt, namentlich soweit sie der gewerbsmäßigen Personen- und Warenbeförderung dient, ist es meistens von besonderer Wichtigkeit, daß die Reise gerade zu der im voraus bestimmten Zeit angetreten oder fortgesetzt werden kann. Ein Segelschiff, das auf günstigen Wind gewartet hat und schließlich bei Eintritt desselben nicht reisefertig ist, muß infolgedessen vielleicht noch wochenlang unbenutzt und untätig im ausländischen Hafen liegen, während der Importeur, der auf frühere Ankunft der Ladung rechnete, nunmehr zur rechtzeitigen Erfüllung seiner Verpflichtungen verlustreiche Deckungskäufe vornehmen muß. Ebenso wichtig ist es beispielsweise für den Gewinn der großen Dampfschiffreedereien, daß ihre mit ungeheuerem Kostenaufwande erbauten Schnelldampfer möglichst intensiv ausgenutzt werden und auch nicht eine Stunde unnötig im Hafen liegen. Man denke ferner an die weitgehenden Nachteile, welche die verspätete Abfahrt und Ankunft eines Postdampfers mit sich bringen kann.

Diesem großen Interesse an pünktlicher Ausführung der Reise, die wiederum zu einem großen Teile durch die rechtzeitige und gehörige Bemannung des Schiffes bedingt ist, hat die S.O., wie auch bereits ihre landesrechtlichen Vorgänger,[1] in verschiedenster Weise Rechnung getragen.

So schreibt sie in § 13 vor, daß die Anmusterung nur dann vor Antritt oder Fortsetzung der Reise zu erfolgen hat, wenn dies ohne Verzögerung der Reise ausführbar ist; sie bestimmt in § 17, daß der angemusterte Seemann, der durch ein unabwendbares Hindernis außerstande gesetzt ist, den Dienst anzutreten, sich hierüber sobald wie möglich gegen den Kapitän und das Seemannsamt der Anmusterung auszuweisen hat, und in § 32 Abs. 2, daß der Kapitän oder der Reeder zum sofortigen

---

[1] Vgl. insbes. das preuß. Ges. vom 20. März 1854, Gesetzsammlung S. 134.

Rücktritt von dem Heuervertrage befugt ist, wenn der Schiffsmann den Dienstantritt auch nur länger als 24 Stunden verzögert, während der Schiffsmann in diesem Falle obendrein zum Schadensersatze verpflichtet ist. Der Schiffsmann kann weiter nach § 75 Z. 2 S.O. seine Entlassung auf Grund von § 74 Z. 3 S.O. nur so lange fordern, als die Rückreise noch nicht angeordnet ist, und der Kapitän ist nach § 90 S.O. befugt, im Falle einer befürchteten Entweichung die Sachen der Schiffsleute bis zur Abreise in Verwahrnng zu nehmen. Auch kann der Schiffsmann, der sich nach der Anmusterung ohne einen genügenden Entschuldigungsgrund dem Antritte oder der Fortsetzung des Dienstes entzieht, auf Antrag des Kapitäns vom Seemannsamt und in Ermangelung eines solchen von der Ortspolizeibehörde zur Erfüllung seiner Pflicht zwangsweise angehalten werden.

Die äußerste Folgerung ihres Grundsatzes aber, den Reeder und die sonstigen Interessenten vor Schaden infolge einer Verzögerung der Reise tunlichst zu schützen, zieht die S.O. in §§ 93, 95, wo sie den Schiffsmann, der sich der Pflicht zur Dienstleistung entzieht oder zu entziehen sucht, in gewissen Fällen mit öffentlicher Strafe bedroht.[1]

Die S.O. kennt vier Fälle solchen strafbaren Vertragsbruchs. Ihr Wesen besteht durchweg in der Nichtleistung der übernommenen Dienste verbunden mit der Absicht dauernder Dienstentziehung. Ort der Begehung ist daher das Schiff, auf dem die Dienste rechtswidrig nicht geleistet werden (vgl. die Entscheidung des RG. in Strafsachen vom 27. September 1880, Rechtsprechung Bd. 2 S. 261 und § 10 St.P.O.).

---

[1] Wenn Meves zu a. S.O. § 81 S. 35 den Grund für die Strafbarkeit des „Vertragsbruchs" der Schiffsleute lediglich in der Gefahr sucht, die durch eine Fahrt mit ungenügender Bemannung für die Leitung des Schiffes, das Leben der Menschen auf ihm und die Ladung entsteht, so hat er m. E. nur zum Teil recht, da für einen solchen Schaden infolge ungenügender Bemannung in erster Linie nach §§ 513, 511 H.G.B. der Schiffer verantwortlich und haftbar ist. Die Verletzung dieser Pflicht des Schiffers, für gehörige Bemannung zu sorgen, ist überdies in den Fällen von §§ 113 Z. 2, 114 Z. 9 S.O. an sich auch strafbar. Der Schiffer darf eben grundsätzlich die Reise überhaupt nicht antreten oder fortsetzen, bevor das Schiff gehörig bemannt ist.

Der Unterschied der einzelnen Fälle besteht vorwiegend in dem jeweiligen Stande des Dienstverhältnisses.

Daß jedesmal nicht nur der Heuervertrag rechtsgültig abgeschlossen, sondern auch bereits eine Pflicht zur Dienstleistung vorhanden sein muß, andrerseits aber eine vorherige Anmusterung nicht erforderlich ist, ergibt schon der oben in § 2 entwickelte Begriff des Schiffsmanns.

I. Die einfache Entweichung,[1] § 93 Abs. 1 und 2 S.O.

Sie liegt dann vor, wenn der Schiffsmann sich der Dienstpflicht entzieht, bevor er eine Zahlung auf die Heuer erhalten oder wenn er doch den erhaltenen Heuerbetrag bereits abverdient hat. Jenachdem wiederum der Schiffsmann den Dienst bereits angetreten hat, der Heuervertrag also bereits in tatsächliche Wirksamkeit getreten ist oder nicht, soll die Handlung mehr oder minder strafbar sein und zwar nach den Motiven 1872 zu § 85 vorwiegend deshalb, weil dem Reeder bezw. Kapitän ein Ersatz für den vor dem Dienstantritt Entweichenden leichter möglich und weniger kostspielig zu sein pflegt, als im Falle einer späteren, insbesondere etwa im Auslande erfolgenden Entweichung.

Den ersteren Fall der einfachen Entweichung regelt § 93 Abs. 1, den letzteren § 93 Abs. 2 S.O.

a) Im Falle der einfachen Entweichung vor Antritt des Dienstes, § 93 Abs. 1 S.O., besteht die Handlung darin, daß sich der Schiffsmann verborgen hält, d. h. er muß sich derart an einem Orte aufhalten,[2] daß er vom Schiffer bezw. von dessen Beauftragten nicht ohne weiteres entdeckt werden kann, ohne daß dieser Ort selbst versteckt sein müßte.[3]

---

[1] Diese Bezeichnung s. u. a. auch in den Motiven 1872 zu § 85 S.O.

[2] und zwar nach Meves zu §§ 81—83 S.O. Anm. 3 A „eine längere Zeit".

[3] So im wesentlichen Meves zu §§ 81—83 S.O. Anm. 3 A, der jedoch nicht klar genug betont, daß auf das Verborgensein des Ortes nichts ankommt. Wenn Katz zu § 93 Anm. 5 schlechthin ausführt, daß der Aufenthalt des Schiffsmanns an Land nur dann als Sichverborgenhalten aufgefaßt werden könne, wenn der Schiffsmann sich nicht zur Anmusterung stellt, so übersieht er, daß die Pflicht zum Dienstantritt nach § 32 Abs. 1 S.O. nur im Zweifel mit der Anmusterung beginnt; vgl. auch § 13 Satz 2 S.O. und ferner Stenglein zu § 93 Anm. 2.

So kann es vorkommen, daß der Schiffsmann sich selbst auf dem Schiffe, wo er angestellt ist, verborgen hält, indem er etwa ganz ungeniert, aber infolge einer Veränderung seines Äußeren unerkannt, die Reise als Passagier mitmacht. Andrerseits kann ein Schiffsmann dann niemals nach § 93 Abs. 1 bestraft werden, wenn er zwar die Absicht der Dienstentziehung hat, den Dienst auch tatsächlich nicht antritt oder fortsetzt, sich aber dabei ganz offen und vielleicht unter den Augen des Kapitäns am Lande herumtreibt. In einem solchen Falle hat der Kapitän aber, wenn die Anmusterung bereits erfolgt ist und dem Schiffsmann kein genügender Entschuldigunsgrund zur Seite steht, das Recht, ihn nach § 33 S.O. zur Erfüllung seiner Pflicht zwangsweise anhalten zu lassen, während sich der Schiffsmann, solange die Anmusterung noch aussteht, nach § 107 Z. 2 S.O. strafbar machen kann.

b) Hatte der Schiffsmann den Dienst bereits angetreten, so kann er die strafbare Handlung des Vertragsbruches neben dem Sichverborgenhalten durch eigentliches Entweichen begehen, indem er sich gegen den Willen des Kapitäns, wenn auch nicht notwendig heimlich,[1] von dem Orte, wo er seiner Dienstpflicht zu genügen hat, dergestalt entfernt, daß er vom Kapitän nicht ohne weiteres kraft eigener Machtvollkommenheit (vgl. § 91 S.O.) zurückgeführt bezw. zurückgehalten werden kann. Die Entweichung dürfte jedenfalls erst vollendet sein, wenn der Schiffsmann sich dem Machtbereiche des Kapitäns entzogen hat.

Meves wendet gegen die Auffassung, daß auch ein Sichverborgenhalten auf dem Schiffe zur Begehung der Delikte in § 93 (§ 81) S.O. geeignet ist, ein, daß dann die Ausdrücke „zurückkehren" oder „zurückbringen" in § 94 (82) unanwendbar sein würden. Dieser Grund ist m. E. nicht durchschlagend, zumal diese Ausdrücke zunächst jedenfalls noch auf die Fälle des eigentlichen „Entweichens" in §§ 93 Abs. 2 und 3 passen würden, dann aber auch m. E. unbedenklich als Rückkehr bezw. Zurückbringung in den Dienst aufgefaßt werden können, so daß sie nur eine vorhergehende Abkehr vom Dienste voraussetzen. Vgl. hierzu § 95 der revidierten Gesindeordnung für das Königreich Sachsen vom 31. Mai 1898.

[1] So Stenglein zu § 93 Anm. 3; anders: Katz zu § 93 Z. 3; Meves zu §§ 81—83 Z. 3B Abs. 2.

Daß zum Entweichen jede räumliche Entfernung, nicht nur das Entlaufen (§ 298 St.G.B.) i. o. S.[1] geeignet ist, erscheint selbstverständlich. —

Der Täter muß in beiden Fällen unter a) und b) nicht nur die Absicht haben, seiner Verpflichtung zum Dienste in Zukunft dauernd nicht nachzukommen (s. o.), sondern zum Vorsatz, den beide Delikte erfordern,[2] gehört auch das Bewußtsein des Schiffsmanns, daß er dem Kapitän in der oben angegebenen Weise verborgen ist bezw. daß er sich wider den Willen des Kapitäns entfernt.

Das Entweichen bezw. Sichverborgenhalten wird erst strafbar, wenn sich die Absicht dauernder Dienstentziehung damit verbindet.[3] Die Überschreitung eines erteilten Urlaubs z. B. macht den Schiffsmann jedenfalls erst dann nach § 93 S.O. strafbar, wenn er dazu den Entschluß faßt, nicht wieder in den Dienst zurückzukehren.[4]

Nachdem der Tatbestand der Entweichung einmal erfüllt ist, kann den Schiffsmann weder freiwilliger Dienstantritt oder freiwillige Rückkehr noch zwangsweise Anhaltung zum Dienst nach § 33 S.O. straflos machen.

Die einfache Entweichung nach § 93 Abs. 1 S.O. ist bedroht mit Geldstrafe bis zu 60 Mark, die nach § 93 Abs. 2 S.O. wahlweise mit Geldstrafe bis zu 300 Mark oder Gefängnisstrafe bis zu 3 Monaten. Erstere ist sonach eine Übertretung, letztere ein Vergehen. Bei der Umwandlung einer erkannten Geldstrafe ist im zweiten Falle § 28 Abs. 2 St.G.B. zu beachten.

Wegen der Entweichung nach § 93 Abs. 1 S.O. erfolgt die Untersuchung und Entscheidung nach § 122 S.O. in jedem Falle zunächst durch das Seemannsamt, wegen der Entweichung nach § 93 Abs. 2 S.O. nur dann, wenn das Seemannsamt seinen Sitz außerhalb des Reichsgebiets hat. Die örtliche Zuständigkeit des Seemannsamts bestimmt sich nach § 124 Abs. 3 S.O. Über das Verfahren vor den Seemannsämtern vgl. §§ 123

[1] Also auch z. B. das „Entschwimmen", v. Liszt zu § 298 St.G.B.

[2] Vgl. Stenglein zu § 93 Anm. 4; Meves zu §§ 81—83 Anm. 3.

[3] Vgl. Stenglein zu § 93 Anm. 5.

[4] Vgl. Katz zu § 93 Anm. 8; Stenglein zu § 93 Anm. 3 und 5.

bis 125 S.O., E.G. zur St.P.O. § 5 Abs. 2 und die auf Grund von § 123 Abs. 4 erlassene Verordnung des Bundesrats in der Bekanntmachung vom 13. März 1903, R.G.Bl. S. 42. Für das weitere Verfahren nach erfolgtem Antrag auf gerichtliche Entscheidung, § 124 Abs. 1 und 2 S.O., sind nach § 27 Z. 1 und 2 G.V.G. die Schöffengerichte in beiden Fällen der einfachen Entweichung unmittelbar zuständig.

Die Verfolgung der einfachen Entweichungen findet nach § 93 Abs. 4 S.O. nur auf Antrag, und zwar, wie jetzt ausdrücklich bestimmt ist, nur auf Antrag des Kapitäns statt. Letzteres war bisher streitig, indem einige, wie F. Perels zu § 81 S.O. auch dem Reeder, andere wie Katz, ältere Auflage[1] zu § 81 S.O. nur dem Reeder das Antragsrecht einräumten, insofern vorzugsweise dieser durch das Entweichen in seinem Vermögen geschädigt werde oder doch geschädigt werden könne. Das alleinige Antragsrecht des Kapitäns rechtfertigt sich aber nicht nur daraus, daß diesem nach §§ 526, 527 i. V. mit § 534 H.G.B. die Annahme der Schiffsmannschaft, nach § 12 S.O. nur ihm die Pflicht zur Anmusterung und nach erfolgter Anstellung nur ihm die oberste Dienst- und Disziplinargewalt (§§ 3 Abs. 1, 84 S.O.) über die Schiffsleute zusteht, sondern insbesondere dadurch, daß er nach § 513 i. V. mit §§ 511, 512 H.G.B. selbständig für die gehörige Bemannung des Schiffes zu sorgen und bei Vernachlässigung dieser Pflicht nicht nur dem Reeder, sondern auch dem Befrachter, Ablader und Ladungsempfänger, dem Reisenden, der Schiffsbesatzung usw. haftbar ist und diesen Dritten gegenüber von der Haftung nicht einmal dadurch befreit wird, daß er auf Anweisung des Reeders gehandelt hat.

Der Beginn und die Dauer der Antragsfrist bestimmt sich anders als in den Fällen des § 96 (s. o. § 4 Z. 3) ausschließlich nach §§ 61 ff. St.G.B. unter Beachtung von § 121 S.O.

Die Zurücknahme des Antrags ist nach §§ 93 Abs. 4 S. 2 S.O., 64 St.G.B. bis zur Verkündung eines auf Strafe lautenden Urteils zulässig, dem aber mit Meves zu §§ 81—84 S.O. Anm. 4

[1] 1. Aufl. Anm. 6 zu § 81 S.O.

Abs. 3 der vom Seemannsamt nach § 123 S.O. erteilte Bescheid nicht gleichzustellen ist.

II. Am schwersten strafbar ist die Entweichung des Schiffsmanns dann, wenn er — vor oder nach dem Antritte des Dienstes — mit der Heuer entweicht oder sich verborgen hält, um sich dem übernommenen Dienste[1] zu entziehen, § 93 Abs. 3 S.O.

In diesem Falle hat der Schiffsmann Gefängnisstrafe bis zu einem Jahre zu gewärtigen, und nur bei Vorhandensein mildernder Umstände kann nach einem Zusatze der neuen S.O. auf Geldstrafe bis zu 300 Mark erkannt werden. Auch ist die Strafbarkeit nicht durch Antrag bedingt und die Untersuchung und Entscheidung des Vergehens findet nie durch das Seemannsamt, sondern durch die Strafkammer des Landgerichts statt.[2] Die nicht beizutreibende Geldstrafe ist nach § 28 Abs. 1 St.G.B. im Gegensatz zu den Fällen des § 93 Abs. 2 S.O. stets in Gefängnis umzuwandeln.

Über die Bedeutung der Worte „mit der Heuer“ herrscht Streit, der leider auch bei der Neuredaktion der Strafvorschrift durch die geltende Seemannsordnung nicht gesetzlich entschieden worden ist.

Die Heuer ist zunächst unzweifelhaft nach § 27ff. S.O. die vertragsmäßige Vergütung des Schiffsmanns für seine Dienste und natürlicherweise auch jeder Bruchteil dieser Vergütung,[3] die dem Schiffsmann nach § 48 S.O. in baar oder mittels einer auf den Reeder ausgestellten, grundsätzlich unbedingten und auf Sicht gestellten Anweisung ausgezahlt werden muß. Nicht zur Heuer gehören daher die etwa gezahlten Handgelder oder der bei Hochseefischereifahrzeugen neben der Vergütung vorkommende Anteil der Schiffsleute am Gewinn, wohl aber alle Vorschußzahlungen auf die Heuer. Unbestritten ist ferner, daß der „mit“ der Heuer desertierende Schiffsmann diese nicht notwendig bei sich tragen muß.[4]

---

[1] D. i. dem Antritte oder der Fortsetzung desselben.

[2] Ob Überweisung an die Schöffengerichte analog von § 75 Z. 11 G.V.G. zulässig ist?

[3] Vgl. Meves zu §§ 81—83 Anm. 3B Abs. 4.

[4] Vgl. F. Perels, Öffentliches Seerecht zu § 298 St.G.B.

Dagegen erscheint zweifelhaft, ob auch der Schiffsmann mit der Heuer entläuft, der die erhaltene Heuer bereits in vollem Umfange abverdient, d. h. den ihrer Höhe entsprechenden Teil der Dienste schon geleistet hat, oder nur der Schiffsmann, der die empfangene Heuer noch nicht oder noch nicht vollständig abverdient hat.

Die Entstehungsgeschichte des § 93 Abs. 3 spricht m. E. überzeugend für die letztere, in der Litteratur vorwiegende Meinung.[1] Denn diese Strafbestimmung ist aus dem von ihr auch zitierten § 298 St.G.B. herübergenommen worden. Der § 298 erscheint aber im Strafgesetzbuche unter der Überschrift des strafbaren Eigennutzes, der wiederum in dem Tatbestande des § 298 St.G.B. (§ 93 Abs. 3 S.O.) wohl nur dann gefunden werden kann, wenn der entweichende Schiffsmann die Gegenleistung für die empfangene Vergütung nicht gewährt hat. Und gerade dieser Eigennutz ist dafür maßgebend gewesen, den Fall des § 93 Abs. 3 S.O. (§ 298 St.G.B.) besonders strafbar zu machen. Auch in den Motiven zu § 85 des Entwurfs der alten S.O. ist zur Erläuterung der qualifizierten Entweichung auf § 298 St.G.B. Bezug genommen, „wonach der Schiffsmann wegen strafbaren Eigennutzes" bestraft werde. Weiter macht L. Perels mit Recht darauf aufmerksam, daß auch der Sprachgebrauch die herrschende Meinung stützt. Endlich ist zu beachten, daß es jedenfalls bei allen größeren Reedereien durchaus üblich ist, dem Schiffsmann unmittelbar nach der Anmusterung einen Heuervorschuß zu gewähren, und das Entweichen mit diesem Heuervorschuß hat § 93 Abs. 3 vorzugsweise treffen wollen.[2]

---

[1] Die letztere Meinung vertreten u. a. Katz zu § 93 Anm. 11; L. Perels zu § 93 Anm. 3; Stenglein zu § 93 Anm. 8 und in der Literatur zu St.G.B. Binding, Lehrbuch S. 415, 416; Hälschner 2. Bd. 1. Abt. S. 397; Oppenhoff zu § 298 St.G.B. Verteidiger der gegenteiligen Ansicht ist vor allem Meves cit., dem sich Olshausen zu § 298 St.G.B. Nr. 2 und wohl auch Frank zu zu § 298 St.G.B. Anm. 1 anschließen.

[2] Der a. a. O. für die hier vertretene Ansicht noch angezogene Umstand, daß in dem gedruckten Entwurfe zum Norddeutschen Strafgesetzbuche das Wort „widerrechtlich" in die entsprechende Strafbestimmung eingeschoben war, dürfte deshalb bedeutungslos sein, weil dieser Zusatz schon zur Charakterisierung des Entweichens an sich gerechtfertigt erscheint.

Gegen die Auffassung, daß der mit der Heuer entweichende Schiffsmann diese noch nicht abverdient haben darf, wendet MEVES ein, daß nach § 82 a. S.O. (§ 94) der Schiffsmann „in den Fällen der beiden letzten Absätze des § 81“ (in den Fällen des § 93 Abs. 2, 3) unter Umständen den Anspruch auf die bis dahin verdiente Heuer verlieren soll; es könne aber bei jener Gesetzesauslegung überhaupt nicht vorkommen, daß dem Schiffsmann noch ein Anspruch (vgl. §§ 194, 362 Abs. 1 B.G.B.) auf Heuer zusteht, und es würden dann die Worte des § 82 in den Fällen der beiden letzten Absätze des § 81 (in den Fällen des § 93 Abs. 2, 3) ohne Sinn sein.

Letzteres ist allerdings richtig; jedoch wird man sich mit dieser teilweisen Inhaltsleere des § 94 S. 1 (§ 81 S. 1 a. S.O.) wohl oder übel abfinden müssen und darf die vorhandene Diskrepanz nicht lediglich um der Harmonie des Gesetzes willen in der von MEVES angegebenen bedenklichen Weise zu lösen suchen, obwohl im übrigen, wie auch MEVES anerkennt, überwiegende Gründe für die hier vertretene Auslegung des § 93 Abs. 3 sprechen.[1]

Nimmt man nach allem an, daß nur der Schiffsmann mit der Heuer entweicht bezw. sich verborgen hält, der die empfangene Heuer noch nicht oder noch nicht vollständig abverdient hat, so muß man folgerichtig zur Strafbarkeit nach § 93 Abs. 3, die zweifellos Vorsatz erfordert, auch das Bewußtsein des Schiffsmanns verlangen, daß er noch unverdiente Heuer in Händen hat.

Nicht erforderlich ist dagegen, daß der Schiffsmann gerade in der Absicht, d. i. mit dem zweckbewußten Willen handelt, einen Gewinn zu machen oder gar das Vermögen des Reeders zu schädigen.

Hinsichtlich der übrigen Tatbestandsmerkmale des § 93 Abs. 3 kann auf das oben zu den Fällen der einfachen Entweichung Ausgeführte verwiesen werden.

III. Einen im wesentlichen privilegierten Sondertatbestand der strafbaren Dienstentziehung regelt § 95 S.O. Danach wird der Schiffsmann, der sich im Auslande dem

[1] Über die Bedeutung des § 94 S.O. im besonderen siehe unten Z. IV.

Dienste in einem der Fälle des § 74 Z. 1, 3, 4, 5 S.O. der Vorschrift des § 77 zuwider entzogen hat, mit Geldstrafe bis zum Betrage einer Monatsheuer[1] bestraft.

Das Delikt ist hiernach entweder Vergehen oder Übertretung, bei gewöhnlichen Schiffsleuten wohl meistens Übertretung (s. o. § 4 Z. 4). Anderseits ist es sonderbarerweise stets ohne Antrag von amtswegen zu verfolgen. Auf das Verfahren finden §§ 122 ff. S.O. Anwendung.

Nach § 74 i. V. mit § 75 S.O. ist der Schiffsmann berechtigt, seine sofortige Entlassung zu fordern

1. wenn sich der Kapitän einer schweren Verletzung seiner Pflichten gegen den Schiffsmann, insbesondere durch Mißhandlung oder durch Duldung solcher seitens anderer Personen der Schiffsbesatzung, durch grundlose Vorenthaltung von Speise und Trank oder durch Verabreichung verdorbenen Proviants schuldig macht;

2. wenn das Schiff die Flagge wechselt;

3. wenn nach Beendigung der Ausreise eine Zwischenreise beschlossen, oder wenn eine Zwischenreise beendigt ist, sofern seit dem Dienstantritt ein oder anderthalb Jahr, je nachdem das Schiff in einem europäischen (§ 82) oder in einem nichteuropäischen Hafen sich befindet, verflossen sind, es sei denn, daß sich entweder der Schiffsmann für eine längere als die angegebene Zeit verheuert hat oder daß bereits die Rückreise angeordnet ist;

4. wenn das Schiff nach einem Hafen bestimmt ist oder einen Hafen anlaufen soll, der schon zur Zeit der Anmusterung durch Pest, Cholera oder Gelbfieber verseucht war, sofern nicht dem Schiffsmanne bei der Anmusterung dieser Hafen und die Verseuchung mitgeteilt worden ist;

5. wenn der Schiffsmann beabsichtigt, sich für die Maschinisten-, Steuermanns- oder Schifferprüfung vorzubereiten oder eine ihm nachweislich gebotene Stellung als Kapitän anzunehmen, sofern er in diesen Fällen einen geeigneten

---

[1] Eine Erhöhung der Strafe gegen Schiffsoffiziere auf den zweimonatlichen Heuerbetrag ist anders als in § 96 Abs. 3 nicht vorgesehen.

Ersatzmann stellt und durch den Wechsel dem Schiffe kein Aufenthalt entsteht.

Verläßt der Schiffsmann in einem der genannten Fälle, nachdem er seine Entlassung vergeblich gefordert hat, eigenmächtig und wider Willen des Kapitäns den Dienst, oder tritt er den Dienst nicht an, so kann er gleichwohl, da für ihn eine Pflicht zur Dienstleistung nicht besteht, nach § 93 S.O. grundsätzlich nicht bestraft werden und zwar selbst dann nicht, wenn er bereits empfangene und noch nicht abverdiente Heuer zurückbehält. Ein Streit über die Berechtigung zum sofortigen Verlassen des Dienstes und dessen Folgen (§ 76) ist dann lediglich im Zivilprozesse zu entscheiden.

Um jedoch den Kapitän und die sonstigen Interessenten davor zu schützen, daß die Schiffsleute das Schiff im Auslande wegen eines vermeintlichen Grundes aus § 74 ohne weiteres und vielleicht leichtfertig im Stiche lassen, bestimmt § 77 S.O., daß der Schiffsmann, der seine Entlassung vor Ablauf der Dienstzeit fordert, im Auslande — außer beim Wechsel der (National-) Flagge — den Dienst erst dann gegen den Willen des Kapitäns verlassen darf, wenn ein[1] Seemannsamt die Berechtigung des Schiffsmanns zum sofortigen Verlassen des Dienstes gemäß § 129 S.O. durch vorläufige Entscheidung festgestellt hat; andernfalls soll der Schiffsmann nach § 95 S.O. bestraft werden.

Der Tatbestand des § 95 erfordert hiernach:

daß der Schiffsmann berechtigt war, seine Entlassung aus einem der in § 74 Z. 1, 3, 4, 5 erwähnten Gründe zu fordern;

daß er seine Entlassung vom Kapitän vergeblich gefordert hat;

daß er sich dem Dienste im Auslande entzogen hat, bevor das Seemannsamt über die Berechtigung hierzu gemäß § 129 vorläufig entschieden oder obwohl das — von ihm selbst oder vom Kapitän angegangene —

[1] Über die örtliche Zuständigkeit vgl. § 128, aber auch § 130 S.O.

Seemannsamt zu seinen Ungunsten entschieden hat,[1] und endlich

daß die Dienstentziehung gegen den Willen des Kapitäns erfolgt ist. Letzteres Erfordernis liegt übrigens schon an sich im Begriffe der Entziehung.

Im einzelnen ist hierbei noch folgendes zu beachten:

Der Schiffsmann ist außer in den Fällen des § 74 auch im Falle des § 58 Abs. 2 S.O. zur sofortigen Auflösung des Dienstverhältnisses berechtigt; damit dürften aber auch die Gründe hierzu erschöpfend aufgezählt sein, so daß daneben § 626 B.G.B. keine Geltung hat.[2] Die Vorschrift des § 77 S.O. findet nach ihrem Wortlaute auf alle diese Fälle mit Ausnahme von § 74 Z. 2, also auch auf § 58 Abs. 2 Anwendung, die Strafbestimmung des § 95 jedoch nur auf die Fälle des § 74 Z. 1, 3, 4 und 5.

Was unter schwerer Verletzung der Pflichten seitens des Kapitäns i. S. von § 74 Z. 1 zu verstehen ist, bestimmt sich nach dem einzelnen Falle. Jedenfalls aber muß die Pflichtverletzung dem Kapitän oder dessen Stellvertreter (§ 2 Abs. 1) zur Last fallen und eine schuldhafte, wenn auch nicht notwendig dolose sein; sogenanntes objektives Unrecht genügt nicht. Pflichtverletzung seitens eines anderen Vorgesetzten kommt nur insoweit in Betracht, als sie der Kapitän schuldhaft veranlaßt oder geduldet hat.[3]

Als „Mißhandlung“ ist nach Meves nur die in §§ 223 ff. St.G.B. mit Strafe bedrohte Körperverletzung anzusehen. Die Kostentziehung ist eine begründete in den Fällen der §§ 57, 91 S.O.

Wegen der übrigen Gründe, die sofortige Entlassung zu fordern, wird auf L. Perels, Anmerkungen zu § 74 verwiesen.

---

[1] Der letztere Fall enthält jedesmal notwendigerweise auch den Tatbestand des § 107 Z. 5 (s. u.); dadurch ist aber eine echte Konkurrenz beider Delikte ausgeschlossen.

[2] Vgl. L. Perels zu § 74 Anm. 2; Perels, Handbuch S. 169 ff., aber auch Boyens S. 457 für den Fall, daß dem Schiffsmann eine andere als die vertragsmäßige Leistung angesonnen wird.

[3] Vgl. Perels, Handbuch S. 169 ff.

Nicht notwendig erscheint, daß der Schiffsmann gerade ausdrücklich aus einem der in § 74 Z. 1, 3 bis 5 angegebenen Gründe seine Entlassung gefordert hat, sofern er nur dem Kapitän seinen Willen, den Dienst zu verlassen, zu erkennen gegeben hat — was vielleicht erst durch das Angehen des Seemannsamtes geschieht — und einer der erwähnten Gründe tatsächlich vorhanden ist. Dagegen fordert STENGLEIN, daß der Schiffsmann aus Veranlassung der Voraussetzungen des § 74 Z. 1, 3 bis 5 handele.

Allerdings ist zu bemerken, daß der Schiffsmann sich dann nicht mehr auf einen der in § 74 Z. 1, 3 bis 5 angegebenen Gründe berufen kann, wenn er vorher dem Kapitän gegenüber auf das Recht, seine Entlassung zu fordern, ausdrücklich oder stillschweigend verzichtet hat, indem er etwa unter Verzeihung der ihm widerfahrenen Mißhandlung weiterhin im Dienste geblieben ist.[1]

Hat das Seemannsamt in seiner vorläufigen Entscheidung zu ungunsten des Schiffsmanns erkannt, so nützt diesem, wenn er sich gleichwohl dem Dienste entzieht, der Nachweis, daß er tatsächlich berechtigt war, seine Entlassung zu fordern, nur insoweit, als er damit gleichzeitig eine Notstandslage i. S. von §§ 52, 54 St.G.B. geltend macht. Im übrigen braucht die vorläufige Entscheidung des Seemannsamts im Strafverfahren auf ihre materielle Regelmäßigkeit hin nicht geprüft zu werden.[2] Das Wesen des Delikts nach § 95 S.O. besteht eben nicht lediglich in dem Kontraktbruch bezw. in der Dienstentziehung, sondern in gleicher Weise darin, daß der Schiffsmann unterlassen hat, die vorläufige Entscheidung des Seemannsamts nachzusuchen, oder daß er der ihm ungünstigen Entscheidung zuwidergehandelt hat. Im letzteren Falle kann aber im allgemeinen nichts darauf ankommen, ob die Entscheidung materiell gerechtfertigt ist; denn § 77 schreibt schlechthin vor, daß der Schiffsmann in den dort angegebenen Fällen den Dienst

---

[1] Vgl. L. PERELS zu § 74 Anm. 1; STENGLEIN zu § 95 Anm. 4.

[2] Vgl. auch § 129 Abs. 3 S.O. Anders MEVES zu §§ 81—83 Anm. 3B Abs. 3.

nur auf Grund einer vorläufigen Entscheidung des Seemannsamts verlassen darf. Dieser Vorschrift handelt aber der Schiffsmann unangesehen der materiellen Anfechtbarkeit in jedem Falle zuwider, wo er trotz einer ihm ungünstigen Entscheidung den Dienst eigenmächtig verläßt.[1]

Die Gelegenheit, die Entscheidung des Seemannsamts nachzusuchen, darf der Kapitän dem Schiffsmann nur aus dringenden Gründen versagen; anderenfalls macht er sich nach § 114 Z. 14 strafbar.

Die Einwilligung des Kapitäns schließt die Strafbarkeit des Schiffsmanns aus; nachträgliche Zustimmung ist dagegen unbeachtlich, sofern das Verlassen des Dienstes einmal wider Willen des Kapitäns geschehen ist. Der Schiffsmann wiederum muß wissen, daß er gegen den Willen des Kapitäns den Dienst verläßt. Daher nützt ihm selbst die irrige Annahme, daß der Kapitän mit seiner Handlungsweise einverstanden sei oder sie doch bei Kenntnis ohe weiteres billigen würde.

Nur das Verlassen des Dienstes ist strafbar, d. h. der Schiffsmann muß vorher den Dienst bereits angetreten haben. Das bloße Nichtantreten des Dienstes genügt nicht.[2] Denn obwohl § 95 durch Verwendung des allgemeinen Ausdrucks „sich dem' Dienste entziehen" beide Fälle zu treffen scheint, so ist andrerseits zu beachten, daß § 95 nur die Dienstentziehung entgegen der Vorschrift des § 77 mit Strafe bedroht; § 77 aber verbietet nur das Verlassen des Dienstes.

Das Verlassen des Dienstes erfordert, daß sich der Schiffsmann der Dienstgewalt des Kapitäns entzieht; hierzu wird meistens nur eine räumliche Trennung vom Schiffe geeignet sein.

---

[1] Andrerseits schließt bei einer Dienstentziehung im Inlande, für welches die Vorschrift des § 77 keine Geltung hat, auch die irrige Annahme des Schiffsmanns, er sei berechtigt, seine sofortige Entlassung zu fordern, dessen Strafbarkeit aus. Denn wie in allen Fällen der eigentlichen Dienstentziehung (§ 93) eine Pflicht zur Dienstleistung vorausgesetzt ist (s. o.), so ist in subjektiver Hinsicht auch das Bewußtsein dieser Pflicht zur Strafbarkeit erforderlich.

[2] Anders Perels, Handbuch S. 157 ff.

Eine bloße Arbeitsverweigerung, wie KATZ[1] meint, genügt zur Begehung des besprochenen Delikts nicht.

Das Verlassen des Dienstes kann endlich nur dann aus § 95 S.O. bestraft werden, wenn es im Auslande erfolgt. Der letztere Umstand gehört zum gesetzlichen Tatbestand i. S. von § 59 St.G.B. Ein Irrtum über den Umfang des Rechtsbegriffes Ausland (§ 6 Abs. 1 S.O.) schützt aber als bloßer Rechtsirrtum den Schiffsmann nicht vor Strafe.

IV. In sämtlichen deutschen Seestaaten war schon vor Einführung der gemeinen deutschen Seemannsordnung die Entweichung nicht nur unter Strafe gestellt, sondern auch mit privatrechtlichen Nachteilen bedroht, und zwar verlor der entwichene Schiffsmann entweder nur die verdiente Heuer oder daneben auch die an Bord befindlichen Effekten.[2]

Im Anschluß daran bestimmte der Entwurf der alten Seemannsordnung in § 68 unter dem Abschnitte „Vertragsverhältnis“:

> Der Schiffsmann, welcher entweicht und nicht vor Abgang des Schiffes zurückkehrt oder zwangsweise zurückgebracht wird, verliert den Anspruch auf die bis dahin verdiente Heuer.
>
> Seine Effekten verfallen dem Schiffe.

In der alten Seemannsordnung selbst wurde die entsprechende Vorschrift im Anschluß an § 81 unter die Strafbestimmungen eingeschaltet und überdies ergänzt. Man wollte zwar den vollen Verlust der Heuer und den Verlust der Effekten beibehalten, andrerseits aber auch dem Reeder in keinem Falle mehr zukommen lassen, als sein Schaden betrug, und fügte deshalb hinzu, daß die Heuer und, sofern diese nicht ausreicht, auch die Effekten des Schiffsmanns zur Deckung der Schadensansprüche des Reeders aus dem Heuer- oder Dienstvertrag in Anspruch genommen werden können, während im übrigen, soweit die Heuer hierzu nicht erforderlich ist, nach Maßgabe des § 107 S.O. verfahren werden soll, d. h. sie soll der Seemannskasse und in Ermangelung einer solchen der Ortsarmenkasse des (in-

[1] zu § 95 Anm. 1.

[2] Vgl. Motive 1872 zu § 68.

ländischen) Heimatshafens des Schiffes, welchem der Täter zur Zeit der Tat angehörte, zufließen, sofern sie nicht landesgesetzlich zu anderen ähnlichen Zwecken bestimmt wird.

Die geltende Seemannsordnung endlich ersetzte in ihrem § 94 das Wort „Effekten" durch „an Bord zurückgelassene Sachen" und fügte in § 94 S. 3 die Bestimmung hinzu, daß dem Seemannsamte, bei welchem die Meldung von der Entweichung erfolgt, sobald als möglich eine Aufstellung der Schadensansprüche und des Heuerguthabens einzureichen ist, widrigenfalls die Befugnis des Reeders, sich an der Heuer und den Sachen des Schiffsmanns schadlos zu halten, erlischt.

Zu dieser m. E. namentlich in ihrer juristischen Konstruktion nunmehr recht unklaren Vorschrift des § 94 mag wegen ihrer engen Beziehung zu der einfachen Entweichung des § 93 Abs. 2 wenigstens das Wesentlichste bemerkt werden:

Obwohl unter den Strafvorschriften stehend, wird man den § 94 doch nicht als eine Strafbestimmung und den in ihm festgesetzten Verlust der Heuer und der zurückgelassenen Sachen nicht als eine Nebenstrafe für den erwähnten Fall der Entweichung auffassen können. Denn einerseits sind es wohl nur gesetzestechnische Gründe gewesen, weshalb man jene Vorschrift aus dem Abschnitte über das Vertragsverhältnis herausgenommen und der die Entweichung betreffenden Strafbestimmung des § 93 angegliedert hat; andrerseits spricht gegen die Annahme einer Nebenstrafe schon der Umstand, daß der Verlust der Heuer und der Sachen unabhängig von dem Bescheide oder dem Urteile über die Straftat der Entweichung eintritt, sofern nur die Voraussetzungen der strafbaren Entweichung des § 93 Abs. 2 gegeben sind.

Jedoch hat die besprochene Bestimmung insofern eine Beziehung zu den „Strafvorschriften", als der Rechtsgrund für den Verlust der Heuer ausschließlich in der strafbaren Handlung der Entweichung zu suchen ist, ganz unabhängig von der vermögensrechtlichen Schädigung des Reeders, die allerdings regelmäßig vorhanden ist und auch der erste Beweggrund zur Aufstellung des § 94 gewesen ist.

Im übrigen wird mit Stenglein (zu § 94) anzunehmen sein,

daß die aus § 94 hergeleiteten „Befugnisse“ des Reeders bezw. der öffentlichen Kasse nur im Wege der Zivilklage bezw. Einrede geltend gemacht werden können.

Daß nur die noch rückständige Heuer gemäß § 94 verloren werden kann, wird in der Literatur fast durchweg anerkannt;[1] denn auf ausgezahlte Heuer besteht kein „Anspruch“ mehr. Deshalb kann der Heuerverlust, wie oben ausgeführt, nur im Falle des § 93 Abs. 2, nicht auch des Abs. 3, praktisch werden.

Die von Binding[2] vertretene Meinung, daß unter dem Verluste des Anspruchs auf die verdiente Heuer der Verlust auch der bereits ausgezahlten verdienten Heuer zu verstehen ist, dergestalt, daß die letztere der Rückforderung unterliegen soll, findet zwar sowohl in dem Bestreben, den § 94 auch auf § 93 Abs. 3 tatsächlich anwendbar zu machen, als in der historischen Betrachtung der Vorschrift ihre Stützen. So war z. B. nach älterem preußischen Rechte[3] der Schiffsmann, welcher vor vollendeter Reise eigenmächtig aus dem Dienste trat, sofern ihn der Schiffer nicht wieder annehmen wollte, verpflichtet, alles Empfangene an Handgeld und Heuer zurückzugeben. Auch die Motive 1872 zu § 68 des Entwurfs sprechen schlechthin von einem Verluste der Heuer, ohne zwischen ausgezahlter und rückständiger Heuer zu unterscheiden.[4] Endlich war bei Schaffung der alten Seemannsordnung die Terminologie des Wortes „Anspruch“ noch keineswegs eine so feste wie heute nach dem bürgerlichen Gesetzbuche.

Alle diese Zweifel werden jedoch heute m. E. dadurch zwingend gehoben, daß der von der neuen S.O. dem § 94 hinzu-

---

[1] Vgl. Stenglein zu § 94; Katz zu § 94; Wagner S. 252 ff.; Perels, Handbuch S. 184; L. Perels zu § 64 Anm. 1; Meves zu §§ 81—83 Anm. 3 i. f.

[2] Binding, Lehrbuch S. 415 Anm. 2.

[3] Vgl. das Seerecht und die Flußschiffahrt nach den preußischen Gesetzen von Alexander Mirus, Leipzig 1838, Bd. I § 393 i. V. mit § 392.

[4] Vgl. auch das französische Décret disciplinaire et pénal pour la marine marchandise vom 24. März, 26. April 1852 art. 69: Tout déserteur perd de droit la solde par lui acquise, sowie die Handelsordnung des Russischen Reiches (übersetzt von Viktor von Zwingmann, Riga 1889), 2. Buch 2. Titel 5. Hauptstück 2. Abteilung § 273, wonach der desertierende Schiffsmann „alles verdienten Lohnes“ verlustig wird.

gefügte Satz 3 von der Aufstellung über den Betrag des Heuerguthabens spricht; unter Heuerguthaben kann aber zweifellos nur rückständige Heuer verstanden werden.

Die dem Schiffsmann etwa ausgezahlte noch nicht abverdiente Heuer unterliegt selbstverständlich nach allgemeinen Grundsätzen der Rückforderung des Reeders; die öffentlichen Kassen haben darauf nie ein Anrecht.

V. In Zusammenhang mit der Besprechung der Entweichung sei ferner noch das Recht des Kapitäns erwähnt, den Schiffsmann, der sich nach der Anmusterung ohne einen genügenden Entschuldigungsgrund dem Antritt oder der Fortsetzung des Dienstes entzieht, durch das Seemannsamt und in Ermangelung eines solchen durch die Ortspolizeibehörde zur Erfüllung seiner Pflicht zwangsweise anhalten zu lassen, § 33 S.O., und überdies denjenigen Schiffsmann, der sich einer Entweichung i. S. von § 93 Abs. 2 oder 3 schuldig macht, auch selbst festzunehmen, § 127 Abs. 2 S.O.

Zur Erläuterung der letzteren Vorschrift, die ebenso wie die erstere nicht zu den hier zu besprechenden Vorschriften des materiellen Strafrechts gehört, wird auf Meves zu §§ 102—103, insbesondere auf Anmerkung 3 hingewiesen.

Eine weitere Ergänzung finden die Strafvorschriften in §§ 93, 95 S.O. endlich in § 8 Nr. 2c des Gesetzes betreffend die Stellenvermittelung für Schiffsleute vom 2. Juni 1902, wonach der Stellenvermittler, welcher es unternimmt, einen Schiffsmann zum Bruche des eingegangenen Heuervertrags zu verleiten, mit Geldstrafe bis zu 300 Mark oder mit Haft bestraft wird.

Natürlich ist auch die Anstiftung (i. S. von § 48 St.G.B.) zu den strafbaren Handlungen der §§ 93, 95 S.O., wie auch zu allen anderen Delikten der S.O. und, soweit ein Vergehen oder Verbrechen in Frage steht, auch die Beihilfe i. S. von § 49 St.G.B. strafbar. Anstifter und Gehilfe kann in allen Fällen auch ein Nichtschiffsmann sein.

§ 6.

Gröbliche Verletzungen der Dienstpflicht.

Die Pflichten, denen der Schiffsmann als solcher nachzukommen hat, und seine dienstliche Stellung zu den übrigen Mitgliedern der Schiffsbesatzung sind im wesentlichen ausdrücklich und zwar teils im einzelnen, teils generell in der Seemannsordnung aufgeführt. Sie sind zwingender Natur und können gemäß § 1 Abs. 2 durch Vertrag nur ergänzt, nicht aber abgeändert werden; solche ergänzende Verabredungen bedürfen wiederum nach § 14 Abs. 2 der Eintragung in die Musterrolle.

Auch die Schiffsoffiziere haben nach § 3 Abs. 2 S. 2 S.O. dieselben Pflichten wie die Schiffsleute, soweit nicht durch das Gesetz ausdrücklich ein anderes festgesetzt ist;[1] auch ihnen gegenüber sind mithin nur ergänzende Vertragsbestimmungen neben den gesetzlichen zulässig. Jedoch regelt sich das dienstliche Verhältnis der Schiffsoffiziere untereinander, abgesehen von der zwingenden Vorschrift in § 3 Abs. 3 S. 2, grundsätzlich nach den vom Reeder oder vom Kapitän getroffenen Festsetzungen, vgl. § 3 Abs. 3 S. 1.

Die unmittelbar oder mittelbar aus dem Heuervertrage bezw. aus der Anstellung entspringenden Pflichten der Schiffsleute, ihre Dienstpflichten, sind teils positiver, teils negativer Natur, d. h. es wird den Schiffsleuten entweder etwas geboten oder verboten.

Einzelne solcher Pflichten hebt die Seemannsordnung in §§ 34 Abs. 3, 36 Abs. 1 S. 3, 41, 42, 54 S. 2, 85 Abs. 1 Halbsatz 1, 86, 87 Abs. 1 S. 1, 88 hervor, andere wieder, wie die Pflicht, den Wachdienst sorgfältig auszuführen, liegen auch ohne ausdrückliche gesetzliche Festsetzung von selbst in der Berufsstellung des Schiffsmanns begründet

Daneben sind noch zwei sehr bedeutungsvolle generelle „Dienstpflichten“ der Schiffsleute zu beachten: einerseits die Pflicht, gegen jedermann ein angemessenes und

---

[1] Vgl. L. Perels zu § 3 Anm. 4.

friedfertiges Betragen zu beobachten, insbesondere dem Kapitän, den Schiffsoffizieren und den sonstigen Vorgesetzten mit Achtung zu begegnen, § 85 Abs. 1 und 2, und andrerseits die Pflicht, in Ansehung des Schiffsdienstes den Anordnungen des Kapitäns, der Schiffsoffiziere und der sonstigen Vorgesetzten unweigerlich Gehorsam zu leisten und zu jeder Zeit, an allen Orten und unter allen Umständen alle für Schiff und Ladung übertragene Arbeiten zu verrichten, §§ 34 Abs. 1, 2, 85 Abs. 2 Halbsatz 2.

Die Verletzung aller genannten Dienstpflichten ist nun nicht nur unter Umständen mit zivilrechtlichen Nachteilen (sofortige Entlassung nach § 70 Z. 2, Schadensersatzpflicht) und Disziplinarstrafe verbunden, sondern auch, sofern sie in gröblicher Weise erfolgt, durch § 96 i. V. mit §§ 97, 98 S.O. mit öffentlicher Strafe bedroht.

Dabei ist zu beachten, daß die Strafbestimmung in § 96 den Strafvorschriften in §§ 93, 95, 100 bis 106, deren Tatbestände in gewisser Hinsicht auch eine Verletzung der Dienstpflicht enthalten, häufig, wenn auch nicht schlechthin subsidiär sein wird.

Was als gröbliche Verletzung der Dienstpflicht anzusehen ist, entscheidet im einzelnen Falle das Seemannsamt (§ 122) oder nach gestelltem Antrage auf gerichtliche Entscheidung das Schöffengericht nach pflichtmäßigem Ermessen. Bei Beurteilung der Frage, ob eine gröbliche Dienstpflichtverletzung vorliegt, wird vor allem der Grad der erfolgten Störung des geregelten Schiffsdienstes und der Schiffsordnung, die Gefährdung der Sicherheit des Schiffes und der Mitfahrenden, die Intensität des verbrecherischen Willens und das Unzureichende einer disziplinaren Ahndung zu beachten sein.

I. Die wesentlichsten, keineswegs aber alle Fälle der Verletzung der Dienstpflicht, die, wenn sie in gröblicher Weise erfolgt,[1] strafbar sein soll, zählt § 96 Abs. 2 S.O. in Z. 1 bis 8 auf.

---

[1] Nach § 84 a. S.O. waren die dort besonders aufgezählten Dienstpflichtverletzungen schlechthin strafbar.

Hierzu gehören:

1. Das Verlassen des Schiffes ohne Erlaubnis und das Ausbleiben über die festgesetzte Zeit, § 96 Z. 4 i. V. mit § 34 Abs. 3.

Der Schiffsmann hat grundsätzlich von der Anstellung an bis zur Abmusterung und unangesehen einer ihm hierdurch drohenden Gefahr für Leib oder Leben (§ 41 S.O.) an Bord des Schiffes zu bleiben. Er darf den Bord nur verlassen, wenn er entweder in den Booten, den Leichterfahrzeugen oder auf dem Lande Dienst zu verrichten hat oder wenn ihm der Kapitän oder ein dazu berechtigter anderer Vorgesetzter Urlaub erteilt hat. In allen diesen Fällen muß er aber zur festgesetzten Zeit zurückkehren, § 34 Abs. 2, 3. S.O.

In den Häfen des Reichsgebiets darf dem Schiffsmann andrerseits nach § 34 Abs. 3 in seiner dienstfreien Zeit die Erlaubnis zum Verlassen des Schiffes nur aus triftigen Gründen verweigert werden, und der Kapitän, der dieser Vorschrift zuwiderhandelt, macht sich nach § 114 Z. 5 S.O. strafbar. Gleichwohl darf der Schiffsmann auch bei rechtswidriger Verweigerung des Urlaubs sich nicht eigenmächtig vom Schiffe entfernen, und dieser Umstand würde seine Bestrafung nicht ausschließen.[1]

Verläßt der Schiffsmann das Schiff in der Absicht, nicht wieder zurückzukehren oder kehrt er, nachdem er es mit Erlaubnis des Schiffers oder doch ohne jene Absicht verlassen hat, nicht wieder zurück, so ist er wegen Dienstentziehung nach §§ 93, 95 zu bestrafen.

Das Delikt des § 96 Z. 4 kann wohl nur vorsätzlich begangen werden.[2] Der Schiffsmann muß daher wissen, daß er wider Willen des Kapitäns handelt; er muß im Falle der Urlaubsüberschreitung insbesondere wissen, daß die Zeit seines Urlaubs verstrichen ist. Sofern eine Zeit und Stunde für die Rückkehr

---

[1] Vgl. L. Perels zu § 96 Anm. 9.

[2] Nach Meves zu §§ 84, 85 a. S.O. ist in allen Fällen des § 84 (96) und insbesondere in dem vorliegenden auch die fahrlässige Zuwiderhandlung strafbar.

nicht ausdrücklich festgesetzt ist, hat er zur üblichen Zeit[1] zurückzukehren.

2. Das Wegbringen eigener oder fremder Sachen von Bord des Schiffes und an Bord bringen oder an Bord bringen lassen von Gütern oder sonstigen Gegenständen ohne Erlaubnis, § 96 Abs. 2 Z. 5.

Schon der Code de Commerce (Livre II Titre V art. 251) verbietet dem Kapitän und den Schiffsleuten, irgend welche Waren ohne Erlaubnis des Eigentümers und ohne Fracht dafür zu bezahlen für eigene Rechnung mit zu befördern, es sei denn, daß sie vom Reeder dazu ermächtigt sind.

Diese Vorschrift will vorwiegend verhindern, daß der Kapitän oder die Schiffsleute zum Schaden des Reeders und vielleicht um dem Befrachter gegen eine gewisse Vergütung einen unlauteren Gewinn zum Nachteile seines Mandanten (des Eigentümers) zu ermöglichen, fremde Waren als „Freigepäck“ mitnehmen.

In ähnlicher Weise bestimmen § 544 H.G.B. und § 87 Abs. 1 S.O., daß „der Schiffer ohne Einwilligung des Reeders für eigene Rechnung keine Güter verladen“ und „der Schiffsmann ohne Erlaubnis des Kapitäns keine Güter an Bord bringen oder an Bord bringen lassen“ darf, widrigenfalls sie dem Reeder zum mindesten die höchste am Abladungsorte zur Abladungszeit für solche Reisen und Güter bedungene Fracht zu erstatten haben.

Beide Vorschriften wollen zunächst ebenso wie der erwähnte Artikel des Code de Commerce den Reeder vor einer Hinterziehung der Fracht, dann aber auch, ebenso wie u. a. §§ 563, 564, 673 Abs. 2 H.G.B., alle in § 512 Abs. 1 H.G.B. aufgezählten Interessenten vor jeden Schaden schützen, der einerseits durch die natürliche Beschaffenheit der Güter, andrerseits dadurch entstehen kann, daß durch ihre Mitnahme die Beschlagnahme oder Einziehung des Schiffes oder der Ladung oder infolgedessen auch nur ein unvorhergesehener Aufenthalt veranlaßt wird.

Im Anschluß hieran wird dem Kapitän in § 87 Abs. 2 S.O. überdies die Befugnis zugesprochen, die vom Schiffsmann selbst oder doch auf dessen Veranlassung an Bord gebrachten Güter

[1] Nach § 30 Abs. 3 S. 2 a. S.O. im Zweifel noch vor 8 Uhr abends.

über Bord zu werfen, „wenn ihr Verbleiben an Bord Schiff oder Ladung oder die Gesundheit der an Bord befindlichen Personen gefährden oder das Einschreiten einer Behörde zur Folge haben kann“.

Den Schiffsleuten ist ferner in § 88 Abs. 1 S.O. noch besonders die Mitnahme von Waffen oder Munition, von Branntwein und anderen geistigen Getränken, sowie von mehr an Tabak und Tabakswaren, als sie je zu ihrem eigenen Gebrauch auf der beabsichtigten Reise bedürfen, ohne Rücksicht darauf, ob diese Sachen im einzelnen Falle als Güter in Frage kommen oder nicht, untersagt in der Erwägung, daß Waffen und Munition in den Händen der Schiffsleute, ebenso wie der übermäßige Genuß geistiger Getränke eine stäte Gefahr für die Mannszucht bilden und bezüglich des Tabaks und der Tabakswaren in den meisten Ländern besonders strenge Zollvorschriften bestehen.[1]

Um endlich alle Gefahren, die durch die Mitnahme von Sachen aller im vorstehenden erwähnten Arten entstehen können, von vornherein abzuschneiden und den ungebildeten Schiffsleuten nicht die Entscheidung darüber zu lassen, ob die Mitnahme aus besonderen Gründen zulässig oder unzulässig ist, verbietet § 96 Z. 5 S.O. den Schiffsleuten schlechthin bei Strafe, ohne Erlaubnis Güter oder sonstige Gegenstände (d. i. Sachen, § 90 B.G.B.) irgend welcher Art, seien es eigene oder fremde, an Bord zu bringen oder an Bord bringen zu lassen.

Unter letzterem ist wohl nur die im eigenen Interesse aber durch Dritte erfolgende mittelbare Anbordnahme, nicht auch das bloße Geschehenlassen einer Anbordnahme seitens Dritter zu verstehen.

Die weitere Bestimmung in § 96 Abs. 2 Z. 5, wonach auch das Wegbringen eigener oder fremder Sachen von Bord des Schiffes — mögen sie ihrerseits erlaubter- oder unerlaubterweise dorthin gebracht worden sein —, einer Erlaubnis bedarf und anderenfalls strafbar ist, beruht nicht sowohl in der Gefahr, die

---

[1] Vgl. Motive 1872 zu § 77.

ihre vielleicht verbotene oder doch einem Zoll unterliegende Einfuhr mit sich bringen kann, sondern bezweckt auch, dem Kapitän und Reeder die ihnen möglicherweise nach §§ 88 Abs. 2, 90, 94, 127 S.O.[1] zustehenden Rechte zu sichern.

Beide Delikte aus § 96 Abs. 2 Z. 5 erfordern Vorsatz und können konkurrieren.

Zum Vorsatz gehört das Bewußtsein, daß die betreffenden Sachen ohne Erlaubnis an Bord gebracht oder von Bord weggebracht werden. Die Erlaubnis muß vom Kapitän ausgehen; sie kann aber auch mittelbar, z. B. durch einen dazu ermächtigten Schiffsoffizier erteilt werden.

Nach L. Perels (zu § 87 Anm. 2)[2] bleibt überdies die Rechtsbeständigkeit von Verträgen, auf Grund deren in den Fällen des § 87 die Mitnahme der Güter erfolgt, unberührt, soweit nicht etwa § 134 B.G.B. eingreift.

Sind die ohne Vorwissen des Kapitäns an Bord genommenen Sachen solche, die das Schiff oder die Ladung dadurch gefährden, daß sie die Beschlagnahme oder Einziehung des Schiffes oder der Ladung veranlassen können und kannte der Schiffsmann diese Gefahr, so kann der letztere nur aus § 297 St.G.B. bestraft werden.

Bemerkt sei noch, daß beide Delikte des § 96 Abs. 2 Z. 5 S.O. nach Meves[3] eine besondere Heimlichkeit der Handlung nicht voraussetzen.

3. Eigenmächtige Zulassung fremder Personen an Bord und Gestattung des Anlegens von Fahrzeugen an das Schiff, § 96 Abs. 2 Z. 6.

Da der Kapitän das Hausrecht auf dem Schiffe ausübt, darf grundsätzlich niemand ohne seine Erlaubnis das Schiff betreten. Dem Betreten des Schiffes ist das Anlegen an dasselbe gleichgestellt.

Das Interesse des Kapitäns, sein Hausrecht durch Fernhaltung fremder Personen und Fahrzeuge zu wahren, ist nicht

---

[1] Vgl. auch §§ 50 S. 3, 63 S. 1, 65 Abs. 2 und 3 S.O.

[2] Vgl. auch die dort zitierte Entscheidung des Reichsoberhandelsgerichts vom 25. September 1893.

[3] Vgl. Meves zu §§ 84, 85 Anm. 2.

lediglich ein formales; man denke vielmehr an den „blinden Passagier", an die Gefahr, welche dem Schiffe dadurch droht, daß in einem verseuchten Hafen Einheimische an Bord kommen oder an die Beförderung des Schmuggels und der Entweichungen durch das Anlegen fremder Fahrzeuge.

Da der Kapitän nicht immer persönlich in der Lage ist, sein Hausrecht in der angegebenen Beziehung auszuüben, ist es eine natürliche Pflicht aller seiner Angestellter, darüber zu wachen, daß kein Fremder unbefugt das Schiff betritt und kein Fahrzeug unbefugt an dasselbe anlegt; die vorsätzliche Verletzung dieser Pflicht ist in § 96 Abs. 2 Z. 6 mit Strafe bedroht.

Fremde Personen i. S. dieser Strafbestimmung sind alle, die kein Recht zum Betreten des Schiffes haben.

Unter Zulassung ist nicht nur die formelle Erteilung der Erlaubnis zum Zutritt zu verstehen, sondern jedes Nichthindern desselben trotz Hindernkönnens.

Entsprechendes gilt für die Gestattung des Anlegens.

Beide Begriffe erfordern ferner subjektiv ein Nichthindernwollen.

Endlich ist in beiden Fällen vorausgesetzt, daß der Schiffsmann eigenmächtig handelt, d. h. ohne sich vorher zu vergewissern, ob der Kapitän sein Tun oder Unterlassen billigt. Anderenfalls nutzt ihm die Zustimmung des Kapitäns nichts.

Eine fahrlässige Begehung der fraglichen Delikte für möglich zu halten, verbietet m. E. hier schon der Sprachgebrauch.

4. Vergeudung, unbefugte Veräußerung und Beiseitebringen von Proviant, § 96 Abs. 2 Z. 8 i. V. mit § 54 S. 2.

Das Delikt bezieht sich, wie aus seiner im Wortlaute sehr engen Angliederung an § 54 S. 2 zu ersehen ist, durchweg nur auf die dem Schiffsmann bereits verabreichten Speise und Getränke.

Zu dieser Bestimmung in § 54 S. 2 bemerken die Motive 1872 (zu §§ 44—46 des Entwurfs):

> „Die Beköstigung wird dem Schiffsmann nur zu seinem eigenen Bedarf verabreicht, so daß, was davon nicht

verzehrt wird, dem Mundvorrat des Schiffes wieder zufällt.“

Richtiger und genauer läßt sich vielleicht sagen:

Der Schiffsmann erwirbt an dem ihm zugeteilten Proviant überhaupt kein Eigentum, sondern er hat nur das Recht, ihn nach Maßgabe seines jeweiligen persönlichen Bedürfnisses zu gebrauchen bezw. zu verbrauchen.

Der Mißbrauch dieses Rechts aber in den in § 96 Abs. 2 Z. 8 angegebenen Formen ist strafbar.

Im einzelnen ist folgendes zu beachten:

Beiseite gebracht ist der zugeteilte Proviant in allen Fällen, in denen er dem Gesamtmundvorrat des Schiffes, zu dem er ja trotz der Zuteilung noch gehört, entzogen worden ist. Die Vergeudung und die Veräußerung sind wiederum nur besondere Arten des Beiseitebringens,[1] deren tatsächliche Merkmale sich von selbst erklären.

Unbefugt ist die Veräußerung gemäß § 54 S. 2 in jedem Falle, wo sie vom Kapitän oder Reeder nicht besonders gestattet ist.

Da auch der dem Schiffsmann zugeteilte Proviant nicht Eigentum des Schiffsmanns wird und der Schiffsmann ihn nur zu seinem unmittelbaren persönlichen Bedarf zu verwenden und dadurch sich anzueignen befugt ist, jede darüber hinausgehende Aneignungshandlung, insbesondere eine Veräußerung aber rechtswidrig ist, wird der Tatbestand des § 96 Z. 8 S.O. nach der hier vertretenen Auffassung objektiv in vielen Fällen den der Unterschlagung i. S. von § 246 St.G.B. decken; jedoch wird zur Strafbarkeit nach § 246 St.G.B. das Bewußtsein der Rechtswidrigkeit der Aneignung meistens fehlen.

Anders ist es natürlich, wenn der Schiffsmann von dem Mundvorrat etwas für sich verwendet, soweit er ihm noch nicht zugeteilt ist; dann wird die Strafe nach §§ 242, 246 ff. event. 370 Z. 5 St.G.B. auszuwerfen sein.

Eine Vergeudung, unbefugte Veräußerung oder ein sonstiges

---

[1] Vgl. hierzu den Wortlaut des zit. § 54 S. 2.

Beiseitebringen von Proviant ist nach Meves (zu §§ 84, 85 Anm. 4) nur dann strafbar, wenn es sich um eine „nicht ganz unbedeutende Quantität" handelt, da eine geringe Menge weder auf die Verproviantierung des Schiffes, noch auf die Verpflegung des betreffenden Schiffsmanns von irgend welchem Einfluß ist. Dem wird auf Grund der geltenden Seemannsordnung schon deshalb beizupflichten sein, weil auch im Falle des § 96 Abs. 2 Z. 8 S.O. nur die gröbliche Verletzung der betreffenden „Dienstpflicht" strafbar ist.

5. Trunkenheit im Schiffsdienste, § 96 Abs. 2 Z. 7 i. V. mit § 85 Abs. 1.

Da der Schiffsmann nach § 85 Abs. 1 verpflichtet ist, sich stets nüchtern zu halten, ist die Trunkenheit im Schiffsdienste, sofern sie im übrigen den Umständen nach eine gröbliche Pflichtverletzung darstellt, z. B. auch dann strafbar, wenn der Schiffsmann etwa nach erhaltenem Urlaub plötzlich und unvermutet zur Arbeit befohlen wird.

Bestraft wird das Trunkensein an sich, gleichviel ob der Schiffsmann infolge desselben seine Pflichten mangelhaft erfüllt hat oder nicht.

Nur wiederholte Trunkenheit im Dienste berechtigt den Schiffer aber nach § 70 Z. 2 S.O. zur sofortigen Entlassung des Schiffsmanns.

Bei der Beurteilung der Frage, ob die Trunkenheit im einzelnen Falle als gröbliche Verletzung der Dienstpflicht anzusehen ist, ist insbesondere die Art des Dienstes, die der betreffende Schiffsmann gerade zu verrichten hat, zu beachten. Daher wird z. B. Trunkenheit im Wachtdienste stets strafbar sein, wie denn überdies

6. nach § 96 Abs. 2 Z. 1 jede gröbliche Nachlässigkeit im Wachtdienste bestraft werden soll.

Das Wesen des letzteren Delikts besteht im Gegensatz zu § 96 Z. 7 in mangelhafter Dienstverrichtung, möge sie auf Vorsatz oder Fahrlässigkeit beruhen.

Über den Wachtdienst vgl. insbesondere §§ 35 ff. S.O.

7. Ungehorsam gegen den Dienstbefehl eines Vorgesetzten, § 96 Abs. 2 Z. 2 i. V. mit §§ 34, 41 Abs. 1 S. 1.

Wenngleich jedem Schiffsmanne durch den Heuervertrag regelmäßig eine besondere Funktion und eine besondere Dienststellung auf dem Schiffe angewiesen wird, so ist es doch im Interesse eines geregelten Schiffsdienstes und insbesondere der Sicherheit des Schiffes unmöglich, von vornherein eine derart strenge Umgrenzung und Scheidung der dienstlichen Pflichten der einzelnen Schiffsleute vorzunehmen, daß jeder nur gerade diese und keine andere Arbeit zu verrichten verbunden ist. Das gilt nicht nur für Notfälle (§ 41), sondern im allgemeinen.

Daher legt § 34 S.O., wie bereits oben ausgeführt, allen Schiffsleuten grundsätzlich die Pflicht auf, den Anordnungen der Vorgesetzten in Ansehung des Schiffsdienstes, d. i. ihren Dienstbefehlen, unter allen Umständen unweigerlich Gehorsam zu leisten.

Damit ist nun nicht etwa dem Kapitän und den sonstigen Vorgesetzten das Recht gegeben, von ihren Untergebenen ohne Unterschied jede Leistung zu fordern, die irgendwie auf den Schiffsdienst Bezug hat. Vielmehr müssen einerseits im allgemeinen klare Grenzen des Heuervertrags beachtet und die Arbeit dem Heuervertrag entsprechend geregelt, andrerseits die zahlreichen besonderen und zwingenden Vorschriften in § 35 ff. S.O. hinsichtlich der Art und des Maßes der von den Schiffsleuten zu leistenden Dienste innegehalten werden.

Überdies betreffen die Vorschriften in §§ 96 Abs. 2 Z. 2, 34 wohl nur solche Befehle, die im Dienste selbst erteilt sind, und man darf schwerlich annehmen, daß der Schiffsmann, wie nach dem Militärstrafgesetzbuche der Soldat, dem Vorgesetzten auch außer Dienst dann unbedingten Gehorsam schuldet, sofern dieser sich nur „in ein dienstliches Verhältnis“ zu ihm setzt und einen Dienstbefehl erteilt.[1]

---

[1] Vgl. Motive 1902 zu § 3 und Motive zum Militärstrafgesetzbuch § 105 des Entwurfs. Zu beachten ist ferner, daß nach herkömmlichem militärischen Sprachgebrauch mit „Dienstbefehl“ jeder Befehl irgend eines militärischen Vorgesetzten bezeichnet wird, während die Befehle eines Vorgesetzten, die überdies eine Dienstangelegenheit betreffen, „Befehle in Dienstsachen“ genannt werden.

Schuldet hiernach der Schiffsmann nur den Befehlen seiner Vorgesetzten Gehorsam, die nach vorstehendem als rechtmäßige zu erachten sind, so hat er diesen Befehlen andrerseits unweigerlich zu gehorchen, d. h. ohne Zögern, ohne Prüfung ihrer Zweckmäßigkeit, ohne Prüfung der mit ihrer Ausführung etwa verbundenen Gefahr für Leib oder Leben und wohl auch ohne Prüfung ihrer Rechtmäßigkeit, d. h. ohne Prüfung, ob der Vorgesetzte ein Recht hat, ihre Ausführung zu verlangen, während er natürlich eine ihm anbefohlene strafbare Handlung, die er als solche erkannt hat, nicht ausführen darf ohne die Gefahr, sich auch selbst strafbar zu machen.[1]

Der Schiffsmann kann sich infolgedessen seiner Verurteilung gegenüber zwar darauf berufen, daß er die ihm anbefohlene Handlung für eine strafbare erachtet, nicht aber auch darauf, daß er den ihm erteilten Befehl aus einem anderen Grunde irrtümlich für unzulässig gehalten habe.

Ein Gegengewicht hierfür bildet die Bestimmung in § 111 S.O., wonach die Vorgesetzten, welche ihre Disziplinargewalt mißbrauchen, insbesondere sie wissentlich zur Erzwingung eines unrechtmäßigen Dienstbefehls oder zur Bestrafung der Nichtbeachtung eines solchen anwenden, mit Geldstrafe bis zu 1000 Mark oder Gefängnis bis zu einem Jahre bestraft werden.

Ob der Dienstbefehl schriftlich oder mündlich, für den besonderen Fall oder im allgemeinen erteilt ist, macht keinen Unterschied.

Der Ungehorsam wiederum kann in gänzlicher „Nichtbeachtung, eigenmächtiger Abänderung oder Überschreitung des Befehls seinen Ausdruck finden.[2]

Der Begriff des „Vorgesetzten" ist seinem materiellen Inhalte nach in der Seemannsordnung nicht definiert. Nach dem Ausdrucke kann aber als Vorgesetzter insoweit nur derjenige angesehen werden, welcher dem Schiffsmann vorgesetzt, d. h. ihm Befehle zu erteilen berechtigt ist. Diese Berechtigung kann wiederum eine allgemeine sein oder sich nur auf einzelne Dienstzweige oder Dienstangelegenheiten beziehen.

---

[1] Vgl. Stenglein zu § 100 Anm. 4.

[2] Vgl. hierzu die Motive zum Militärstrafgesetzbuch zu § 105.

Dagegen enthält jetzt § 3 S.O. einige Vorschriften darüber, wer eine solche Befehlsgewalt besitzt und auf welche Personen sich diese erstreckt.

Diese Vorschriften besagen:

Der Kapitän ist der Dienstvorgesetzte sämtlicher Schiffsoffiziere und Schiffsleute;

die Schiffsoffiziere sind Vorgesetzte sämtlicher Schiffsleute und zwar einerlei, welchem Dienstzweige der Schiffsoffizier oder der Schiffsmann angehört. Deshalb ist z. B. der Schiffsarzt Vorgesetzter auch der Heizer und Kohlenzieher;

das dienstliche Verhältnis der Schiffsoffiziere unter einander, insbesondere das Verhältnis zwischen Offizieren verschiedener Dienstzweige, bestimmt sich nach den vom Reeder oder Kapitän getroffenen besonderen Festsetzungen; jedoch ist auf Dampfschiffen während der Ausübung des Wachtdienstes der machthabende Maschinist dem wachthabenden Steuermann stets insofern untergeordnet, als er die von diesem nach der Maschine gegebenen Befehle auszuführen hat;

die außer den Schiffsoffizieren in den einzelnen Dienstzweigen als Vorgesetzte geltenden Schiffsleute werden vom Kapitän bestimmt.

Aus der Fassung dieser letzteren in § 3 Abs. 4 enthaltenen Bestimmung ergibt sich, wie die Motive 1902 hervorheben, daß Vorgesetzte der letzteren Art, die auf den großen Dampfern wohl als Unteroffiziere bezeichnet werden, nur innerhalb ihres Dienstzweiges bestellt werden können, dergestalt, daß z. B. nicht der Oberheizer schlechthin zum Vorgesetzten der Matrosen, der Bootsmann nicht zum Vorgesetzten von Heizern oder Aufsehern bestimmt werden kann.

Andrerseits darf aus den Vorschriften des § 3 nicht der Schluß gezogen werden, daß es dem Kapitän verwehrt sei, für den einzelnen Fall auch noch anderen Schiffsleuten das Recht, Dienstbefehle zu erteilen und damit für den einzelnen Fall die Stellung eines Vorgesetzten zu übertragen; einem solchen Vorgesetzten schuldet dann der untergebene Schiffsmann den gleichen Gehorsam wie den Vorgesetzten auf Grund von § 3. Nur kann der Kapitän, da nach der zwingenden Vorschrift des § 3 Abs. 2 die Schiffsoffiziere stets die Vorgesetzten der Schiffsleute sind, niemals einen Schiffsoffizier der Befehlsgewalt eines gewöhnlichen Schiffsmanns unterwerfen.

Da auch das Delikt des § 96 Abs. 2 Z. 2 wohl nur vorsätzlich begangen werden kann, erfordert es in subjektiver Hinsicht das Bewußtsein des Schiffsmanns bezw. Schiffsoffiziers, daß der Befehl von einem Vorgesetzten erteilt ist.

8. Schuldet der Schiffsmann nur den Befehlen seiner Vorgesetzten Gehorsam, die im Dienste erteilt sind und sich auf dienstliche Angelenheiten beziehen, so hat er gleichwohl seinen Vorgesetzten, sofern sie nicht nur für den einzelnen Fall bestellt sind, jederzeit und insbesondere auch außer Dienst mit Achtung zu begegnen, § 85 Abs. 2 Halbsatz 1, im übrigen aber nach § 85 Abs. 1 gegen jedermann ein angemessenes und friedfertiges Betragen zu beachten.

Die Verletzung dieser Pflichten bedroht § 96 Abs. 2 Z. 3 als „ungebührliches Betragen gegen Vorgesetzte, gegen andere Mitglieder der Schiffsmannschaft oder gegen Reisende“ mit Strafe.

Die Pflicht eines angemessenen und friedfertigen Betragens haben auch die Vorgesetzten gegenüber ihren Untergebenen.[1] Sie haben sich diesen gegenüber insbesondere ihrer Stellung entsprechend zu benehmen. Daher dürfte z. B. unter Umständen auch ein die Disziplin gefährdendes Fraternisieren der Offiziere mit den Schiffsleuten strafbar sein.

Ein ungebührliches Betragen der Schiffsleute gegenüber anderen als den in § 96 Abs. 2 Z. 3 aufgezählten Personen ist zwar nicht ausdrücklich mit Strafe bedroht, kann aber möglicherweise gleichwohl nach der allgemeinen Vorschrift des § 96 Abs. 1 i. V. mit § 85 Abs. 1 als gröbliche Verletzung der Dienstpflicht bestraft werden.

---

[1] Vgl. hierzu § 99 S.O.

Unter den heute nur kraft jener allgemeinen Vorschrift strafbaren Verletzungen der Dienstpflicht nannte der Entwurf der früheren Seemannsordnung noch ausdrücklich die wiederholte Fahrlässigkeit im Steuern.

Das französische Décret disciplinaire et pénal pour la marine marchandise vom 24. März, 26. April 1852 (Teulet, Suppl. S. 265 ff.) zählt in den Artikeln 58 und 60 unter den fautes de discipline und den délits maritimes noch auf: le fait de s'être endormi un premier fois étant à la barre, en vigie ou au bossoir; le fait d'avoir allumé un premier fois des feux sans permissions, ou d'avoir circulé dans les lieux où celà est inderdit à bord avec des feux, une pipe ou un cigare allumés; l'emploi, sans autorisation, d'une embarcation du navire; l'altération des vivres ou marchandises.

Über die Höhe und Berechnung der nach § 96 auszuwerfenden Strafen s. oben § 4 Z. 4.

9. Die Strafbarkeit bezw. Strafverfolgung aller Vergehen und Übertretungen des § 96 S.O. ist einerseits durch die Stellung eines Strafantrags gemäß § 96 Abs. 4, andrerseits in den meisten Fällen nach § 98 auch durch die Eintragung in das Schiffstagebuch bedingt.

a) Der Strafantrag, zu dessen Stellung grundsätzlich der Kapitän bzw. dessen Stellvertreter (§ 2 Abs. 1) und nur im Falle des § 96 Z. 3 neben diesem der verletzte Schiffsmann oder Schiffsoffizier (§ 3 Abs. 2 S. 2)[1], nie aber der Reeder oder der verletzte Reisende berechtigt ist, kann nach § 96 Abs. 4 S. 2 bis zur Abmusterung gestellt werden.

Die Bedeutung dieser Vorschrift, insbesondere ihr Verhältnis zu § 61 St.G.B., wonach ein Strafantrag binnen 3 Monaten seit der Kenntnis der Tat und des Täters gestellt werden kann, ist streitig.

Nach Wagner (S. 362) haben § 96 Abs. 4 S. 2 S.O. und

[1] Vgl. Motive 1902 zu § 91 des Entwurfs. Danach soll übrigens auch dem Schiffsmann, soweit er durch einen Verstoß gegen die Dienstpflicht in den Fällen des § 96 Abs. 2 Z. 2 und 5 verletzt ist, das Antragsrecht zustehen. Das dürfte jedoch schon mit Rücksicht auf § 98 Abs. 2, der nur den Fall des § 96 Abs. 2 Z. 3 erwähnt, abzulehnen sein.

§ 61 St.G.B. neben einander Geltung, so daß der Strafantrag einerseits vor der Abmusterung, andrerseits innerhalb der dreimonatlichen Frist des § 61 St.G.B. gestellt werden muß.

Nach anderer Meinung ist durch § 96 Abs. 4 S 2 nur eine Erweiterung jener dreimonatlichen Frist beabsichtigt, und es kann folgerichtig der Antrag auch nach der Abmusterung gestellt werden, sofern nur die dreimonatliche Frist noch nicht abgelaufen ist.[1]

Zutreffend endlich erblicken die meisten in der Bestimmung der Seemannsordnung eine von der des Reichsstrafgesetzbuchs durchaus unabhängige zeitliche Begrenzung des Antragsrechts, so daß je nach dem Zeitpunkte der Abmusterung die Antragsfrist länger oder kürzer ist als nach dem Reichsstrafgesetzbuche und sogar möglicherweise nach der Seemannsordnung das Antragsrecht bereits verloren ist, noch ehe gemäß § 61 S. 2 St.G.B. die Antragspflicht begonnen haben würde.

Der Grund für diese letztere Ansicht liegt zum einen Teile in der häufigen tatsächlichen Unmöglichkeit, innerhalb der Frist des § 61 St.G.B. ein Seemannsamt zu erreichen und einen Strafantrag zu stellen (s. o. § 4 Z. 3). Andrerseits führt Meves in sehr beachtlicher Weise zu ihrer Begründung aus: es müsse der Prüfung des Schiffers überlassen bleiben, ob die Vergehung des Schiffsmanns infolge der begleitenden Umstände einen derartig schweren Charakter habe, daß er die baldige, ein mehr oder weniger zeitraubendes Verfahren voraussetzende und leicht zu einer Freiheitsentziehung führende Bestrafung für angemessen und trotz der dem Schiffsdienst dadurch zugefügten Beeinträchtigung für notwendig erachte. Dies spräche für eine Verlängerung der Antragsfrist. Für eine Verkürzung hingegen sei die Erwägung maßgebend, daß mit der Abmusterung das Dienstverhältnis aufgelöst und der Schiffsmann zur Eingehung anderweiter Heuerverträge berechtigt werde, und daß mit diesem Abschlusse auch alle aus dem Verhältnisse herrührenden Differenzen abgeschlossen werden sollten.

---

[1] Meves zu § 85, F. Perels zu § 84, L. Perels zu § 96 Anm. 13; wohl auch Stenglein zu § 96 Anm. 4.

Endlich spricht für die Richtigkeit der hier vertretenen Ansicht noch die Entstehungsgeschichte des § 96.

Der entsprechende § 81 des Entwurfs zur alten Seemannsordnung stand unter den „Disziplinarvorschriften“ und befugte den Kapitän, Dienstvergehen des Schiffsmanns mit Geldbuße bis zum Betrage einer Monatsheuer zu bestrafen. Dieses Disziplinarstrafrecht wäre dann aber zeitlich ausschließlich durch die Beendigung des Dienstverhältnisses bzw. durch die Anmusterung umgrenzt gewesen. Das Gesetz hat sich dann bei der Regelung der entsprechenden öffentlichen Strafbestimmung insoweit dem Entwurfe angeschlossen, als es das Antragsrecht des Schiffers ausschließlich durch die Abmusterung zeitlich begrenzte.

Sieht man einen wesentlichen Grund für die Befristung des Antragsrechts gemäß § 96 Abs. 4 S. 2 in der mit der Abmusterung verbundenen Auflösung des Dienstverhältnisses, so kann wiederum kein Zweifel darüber sein, daß nicht der Tag, sondern der Zeitpunkt der Abmusterung entscheidend ist.[1]

Unberührt durch die Bestimmung des § 96 Abs. 4 S. 2 bleibt die vollkommen andere Frage der Verjährung der Vergehen oder Übertretungen des § 96. Der Strafantrag muß deshalb, um wirksam zu sein, in jedem Falle vor Eintritt der Verjährung gestellt werden.

Da auch nach der Seemannsordnung aber die Ubertretungen grundsätzlich in 3 Monaten von der Begehung an verjähren, hat die Vorschrift des § 96 Abs. 4 S. 2 S.O., soweit sie im Verhältnis zu § 61 St.G.B. eine Verlängerung der Antragsfrist festsetzt, nur in den Fällen, wo es sich mit Rücksicht auf die Höhe der Monatsheuer und das dadurch begründete Strafmaximum um ein Vergehen handelt, bei einer Übertretung aber nur dann praktische Bedeutung, wenn sie außerhalb des Reichsgebietes begangen worden ist (§ 121 Abs. 2 S.O.).[2]

---

[1] Vgl. Binding, Handbuch S. 642 Anm. 10.

[2] Näheres hierüber bei L. Perels zu § 96 Anm. 13 und Meves zu §§ 84, 85. Die Ansicht von Meves, daß durch § 84 Abs. 5 S. 2 (§ 96 Abs. 3 S. 2) auch die Verjährungsfrist annehmbar bis zur Abmusterung verlängert worden sei, wenn man nicht dem Gesetzgeber den Vorwurf einer Gedankenlosigkeit machen wolle, ist im wesentlichen durch die Voraussetzung hervorgerufen,

Die Zurücknahme des Strafantrags, die während der Geltungszeit der alten Seemannsordnung bis zur Abänderung des § 64 St.G.B. durch die Novelle vom 26. Februar 1876 kraft allgemeiner Bestimmung zulässig, in der Folgezeit aber wohl unzulässig war, soll nach der Bestimmung in § 96 Abs. 4 S. 3 der geltenden Seemannsordnung nicht nur bis zur Verkündung eines auf Strafe lautenden Urteils, sondern sogar bis zur Rechtskraft des Strafbescheids oder Strafurteils zulässig sein.

b) Die Eintragung in das Schiffstagebuch.

Nach §§ 519 ff. H.G.B. sind auf jedem Schiffe für jede Reise vom Einnehmen der Ladung oder des Ballastes an alle erheblichen Begebenheiten, insbesondere auch die auf dem Schiffe begangenen strafbaren Handlungen und verhängten Disziplinarstrafen (§ 520 Abs. 2 H.G.B.; s. auch § 92 S.O.) in einem Tagebuche zu beurkunden. Die Eintragungen haben, soweit nicht die Umstände es hindern, täglich zu geschehen und werden nach § 519 Abs. 2 H.G.B. vom Steuermann unter Aufsicht des Schiffers und nur bei Verhinderung des ersteren vom Schiffer selbst oder durch einen von diesem zu bestimmenden und zu beaufsichtigenden geeigneten Schiffsmann bewirkt.

Der Eintrag der strafbaren Handlungen im Schiffstagebuche dient grundsätzlich nur zur Sicherung des Beweises insofern, als er eine Stütze für das Gedächtnis der Beteiligten bilden soll;[1] er ist kein Beweismittel i. S. von § 248 St.P.O.

---

daß die strafbaren Handlungen des § 84 (96) in allen Fällen Übertretungen seien. Letzteres erscheint aber nicht zutreffend (s. o.), und der von Meves für die gegenteilige Ansicht angeführte Grund, daß an Stelle der gemäß § 84 (96) erkannten Geldstrafen nach § 101 Abs. 1 nur Haft eingesetzt werden könne, schlägt jedenfalls für die geltende S.O. schon deshalb nicht durch, weil dort in § 123 Abs. 1 absichtlich nicht von der an Stelle der Geldstrafe tretenden Haft, sondern schlechthin von der an ihre Stelle tretenden Freiheitsstrafe gesprochen wird. Auch übersieht Meves anscheinend, daß eine Diskrepanz der Bestimmungen über das Antragsrecht und über die Verjährung von Übertretungen infolge des möglicherweise verschiedenen Beginns beider Fristen (vgl. § 67 Abs. 4 und § 61 S. 3 St.G.B.) trotz deren gleicher absoluter Dauer auch bei den Antragsübertretungen des St.G.B. vorkommen kann.

[1] Anders wohl z. T. Stenglein zu §§ 97, 98.

Jedoch ist die Eintragung prozessuale Voraussetzung für die Strafbarkeit aller von § 96 S.O. betroffenen Verletzungen der Dienstpflicht.

Als solche muß die Eintragung überdies stets vom Kapitän (oder dessen Stellvertreter) ausgehen, eine genaue Angabe des Sachverhalts enthalten und schließlich, wenn sie nicht als versäumt i. S. von § 98 Abs. 2 S. 2 gelten soll, sobald als möglich geschehen (§ 98 Abs. 1 Halbs. 1).

Die weiteren Bestimmungen in § 98, wonach dem Schiffsmann ex officio von dem Inhalte der Eintragung unter ausdrücklicher Hinweisung auf die Strafandrohung des § 96 Mitteilung zu machen und ihm auf Verlangen eine Abschrift der Eintragung auszuhändigen, der Grund für eine unterlassene Mitteilung aber im Tagebuche anzugeben ist, haben hingegen m. E. auf die Verfolgbarkeit der Dienstpflichtverletzungen keinen Einfluß;[1] denn diese Mitteilung, Aushändigung der Abschrift usw. sind anders als die in § 98 Abs. 1 vorgeschriebene Angabe des Sachverhalts keine Bestandteile der in § 98 Abs. 2 als Voraussetzung für die Strafverfolgung genannten Eintragung.

Die Eintragung in das Schiffstagebuch ist endlich nur wesentlich, soweit der Kapitän selbst verletzt ist, während den verletzten Schiffsleuten (oder Schiffsoffizieren) das ihnen in den Fällen des § 96 Abs. 2 Z. 3 gewährleistete Antragsrecht durch die Unterlassung der Eintragung nicht verloren gehen soll. Jedoch liegt dem Kapitän im Interesse der Beweissicherung auch hier die Pflicht ob, die „Beschwerden" der Schiffsleute unter genauer Angabe des Sachverhalts im Schiffstagebuche einzutragen, §§ 99, 114 Z. 12 SO.

§ 7.

Die Gehorsamsverweigerung.

Der erste Entwurf zum Norddeutschen Strafgesetzbuche enthielt in Titel II Abschnitt 7 unter der Überschrift „Ungehorsam, Widerstand und Gewalt von Schiffsleuten gegen ihre Vorgesetzten

---

[1] So L. Perels zu § 98 und besonders Stenglein zu §§ 97, 98; z. T. anderer Meinung Binding, Handbuch S. 599 ff.

auf Seeschiffen" eine Reihe von Strafvorschriften, welche als die §§ 86—92 mit nur wenigen Abänderungen und Ergänzungen in die alte Seemannsordnung herüber genommen wurden[1] und denen heute nach geringen weiteren Änderungen, die sich jedoch fast nirgends auf die Tatbestandsmerkmale beziehen, die §§ 100 bis 106 S.O. entsprechen.

In der Literatur werden diese sämtlichen Strafbestimmungen von Meves als Zuwiderhandlungen gegen die Mannszucht, d. h. gegen die „Aufrechterhaltung der rückhaltlosen Unterordnung der Mannschaft unter die Befehle der Vorgesetzten",[2] von F. Perels in seinem Handbuche (S. 184 ff.) im Anschluß wohl an das Militärstrafgesetzbuch[3] gemeinschaftlich mit § 96 Abs. 2 Z. 2 und 3 als Zuwiderhandlungen gegen die Pflichten der Unterordnung (Insubordination), von Wagner als aktiver und passiver Widerstand und von Katz als Widerstand gegen die Dienstgewalt des Schiffers zusammengefaßt. Da jedoch m. E. in gewissem Sinne auch die übrigen in § 96 und zum Teil auch die in §§ 93, 95 S.O. enthaltenen Strafbestimmungen Verstöße gegen die Mannszucht oder die Subordination, nicht alle Bestimmungen in §§ 100—106 aber einen eigentlichen Widerstand betreffen, mögen im folgenden die Vorschriften der §§ 100 ff. getrennt oder doch nur insoweit gemeinschaftlich behandelt werden, als sie unverkennbar zusammen gehören.

Letzteres trifft auf die §§ 100 und 101 zu.

Beide Strafvorschriften enthalten als gemeinschaftliches charakteristisches Tatbestandsmerkmal die Verweigerung des schuldigen Gehorsams gegenüber Vorgesetzten, und zwar einerseits die Gehorsamsverweigerung eines Schiffsmanns gegenüber den wiederholten Befehlen eines Vorgesetzten (§ 100), andrerseits die gemeinschaftliche und überdies auf Verabredung erfolgende Gehorsamsverweigerung mehrerer Schiffsleute ohne Rücksicht darauf, ob ein einmaliger oder wiederholter Befehl vorliegt (§ 101).

---

[1] Vgl. Motive 1872 zu §§ 86—94 des Entwurfs.

[2] Vgl. Meves vor §§ 86, 87.

[3] 2. Teil 1. Titel 6. Abschnitt.

Die Verweigerung des Gehorsams ist natürlicherweise in beiden Fällen nur dann strafbar, wenn ein Dienstbefehl in dem oben § 6 Z. 7 ausgeführten Sinne vorliegt; denn nur einem solchen Befehle schuldet der Schiffsmann Gehorsam. Überhaupt haben die sämtlichen oben zu § 96 Abs. 2 Z. 2 gegebenen Erläuterungen auch für die §§ 100 und 101 Gültigkeit, da die Tatbestände der beiden letzteren Delikte den Ungehorsam im Sinne von § 96 Abs. 2 Z. 2 in jedem Falle einschließen und nur Qualifikationen desselben darstellen.

Eine solche Qualifikation ist m. E. schon in dem Gebrauche des Ausdrucks „Verweigerung des Gehorsams" an Stelle des Wortes „Ungehorsam" begründet. Diese Begriffe sind m. E. nicht identisch.

Zwar erblicken die meisten (Meves zu § 86 Anm. 3,[1] F. Perels zu § 86 Anm. 1, L. Perels zu § 100 Anm. 2, Perels, Handbuch S. 184ff., Stenglein zu § 100 Anm. 5) eine Verweigerung des Gehorsams schon in der tatsächlichen Nichtbefolgung des Befehls, sofern sich damit nur ein auf die Nichtausführung gerichteter Vorsatz verbindet, und sehen den Unterschied zwischen dem Ungehorsam und der Gehorsamsverweigerung nur darin, daß der Ungehorsam auch die Fahrlässigkeit umfasse. Hingegen wird man mit Katz (zu § 100 Anm. 1)[2] für den Begriff der Gehorsamsverweigerung neben jenem Vorsatze fordern müssen, daß der Schiffsmann, sei es durch Worte, Gebärden oder andere Handlungen bewußtermaßen zu erkennen gibt, daß er nicht gesonnen ist, den Befehl auszuführen. Die Gehorsamsverweigerung steht damit der désobéissance accompagnée d'un refus formel d'obéir i. S. von art. 60 des mehrfach erwähnten französischen Dekrets vom 24. März, 26. April 1852 gleich.

Im einzelnen erfordern die strafbaren Handlungen der §§ 100 und 101 folgendes:

1. Im Falle des § 100 muß ein wiederholter, auf dasselbe konkrete Ziel gerichteter Befehl desselben Vorgesetzten an denselben Untergebenen vorliegen; es genügt nicht,

---

[1] s. jedoch auch Meves zu § 92 Anm. 5.

[2] s. jedoch auch Katz zu 106 Anm. 1.

daß der Schiffsmann den Befehlen eines Vorgesetzten wiederholt den Gehorsam verweigert hat.[1]

Der Schiffsmann muß auch wissen, daß ihm von demselben Vorgesetzten ein und dasselbe mehr als einmal anbefohlen worden ist, und er muß jedem Befehle vorsätzlich die Weigerung folgen lassen.[2]

Schon deshalb ist es nötig, daß zwischen den Befehlen ein Raum liegt, der die Befolgung des ersten Befehls möglich macht.[3]

Nach Stenglein muß der zweite Befehl überdies vom Vorgesetzten im Hinblick auf die Nichtbeachtung des ersten Befehls erteilt sein.

2. Die Gehorsamsverweigerung im Komplott,[4] § 101 S.O., erfordert anders als die des § 100 nicht, daß ein wiederholter Dienstbefehl vorausgegangen sei. Der Strafschärfungsgrund liegt hier vielmehr in der Gemeinschaftlichkeit der Weigerung und in der ihr zugrunde liegenden Verabredung.

Die Strafbestimmung des § 101 S.O. bedroht nach ihrem Wortlaute im Gegensatz zu § 100 nicht diejenigen mit Strafe, die dem Befehle eines Vorgesetzten, sondern diejenigen, die dem Kapitän, einem Schiffsoffizier oder einem anderen Vorgesetzten gemeinschaftlich den Gehorsam verweigern. Hiernach kann es zweifelhaft erscheinen, ob die gemeinschaftliche Gehorsamsverweigerung sich auf einen bestimmten Befehl beziehen muß, oder ob es genügt, daß den Befehlen eines bestimmten Vorgesetzten im allgemeinen von mehreren Untergebenen gemeinschaftlich der Gehorsam verweigert wird, ohne Unterschied, ob die Befehle auf dasselbe Ziel gerichtet sind oder nicht.

In dieser Hinsicht ist soviel unbestritten, daß nicht von vornherein ein einziger Befehl an mehrere Schiffsleute gerichtet zu sein braucht, sondern daß es jedenfalls genügt, wenn mehreren

---

[1] F. Perels zu § 86 Anm. 2, L. Perels zu § 100 Anm. 2, Stenglein zu § 100 Anm. 2.

[2] Katz zu § 100, Meves zu § 86 Anm. 2.

[3] F. Perels zu § 86 Anm. 3; L. Perels zu § 100 Anm. 2; Stengleni zu § 100 Anm. 2.

[4] Meves zu § 87; Perels, Handbuch S. 184 ff.

nacheinander der gleiche Befehl erteilt worden ist.[1] Nach MEVES kann die Gemeinschaftlichkeit der Gehorsamsverweigerung aber auch dann vorliegen, wenn an jeden einzelnen ein besonderer und möglicherweise inhaltlich verschiedener Befehl ergeht; jedoch seien einerseits eine „gewisse Einheit der Zeit", andrerseits die „Gleichartigkeit der Handlung, also der Verweigerung des Gehorsams gegen den Befehl zu einer bestimmten Art von Dienstverrichtung" Kriterien für die Gemeinschaftlichkeit der Handlung.

So wenig präzis auch nach dieser Meinung von MEVES die Merkmale der Gemeinschaftlichkeit sind, so läßt sich doch, insbesondere aus dem hervorgehobenen Wortlaute des Gesetzes, manches zugunsten dieser Meinung anführen. Ferner erscheint es billig, auch die Schiffsleute mit einer besonderen Strafe zu belegen, die sich verschworen haben, einem bestimmten Vorgesetzten schlechthin den Gehorsam zu verweigern und auf verschiedene Befehle hin sämtlich, wenn auch nicht auf einmal, diesen Entschluß verwirklichen; in diesem Falle könnte aber andrerseits nichts auf die „Gleichartigkeit der Handlungen" in dem von MEVES angegebenen Sinne und nur wenig auf die „gewisse Einheit der Zeit" ankommen.

Trotzdem verdient m. E. die Ansicht STENGLEINS den Vorzug, wonach eine gemeinschaftliche Gehorsamsverweigerung nur möglich ist, wenn an jeden Beteiligten derselbe oder doch der inhaltlich gleiche Befehl ergangen ist und alle gleichzeitig oder in unmittelbarer zeitlicher Folge seine Ausführung verweigern. Denn dies entspricht m. E. dem Sinne des Wortes „gemeinschaftlich", auf dem der Nachdruck der Strafvorschrift liegt, noch mehr als die MEVESsche Auslegung.

Da die Gemeinschaftlichkeit der Handlungen zum gesetzlichen Tatbestand gehört, setzt die Strafbarkeit nach § 101 S.O. das Bewußtsein dieser Gemeinschaftlichkeit voraus: Wer einem Vorgesetzten gleichzeitig mit anderen, aber ohne Kenntnis vom Tun der anderen den Gehorsam verweigert, kann zwar nach § 96 Abs. 2 Z. 2 und möglicherweise nach § 100, nie aber nach § 101 S.O. bestraft werden.

---

[1] KATZ zu § 101 Anm. 2; STENGLEIN zu § 101 Anm. 2.

In jedem Falle muß die gemeinschaftliche Gehorsamsverweigerung endlich auf Verabredung erfolgen.

Eine solche Verabredung erfordert nach Stenglein keine ausdrückliche Verständigung der Beteiligten, sondern es genügt jede Verständigung mit irgend welchen zur Herbeiführung einer Willensübereinstimmung geeigneten Mitteln, also z. B. mit Gebärden.[1]

Wann die Verabredung erfolgt, ist gleichgültig, sofern sie nur für die gemeinschaftlichen Handlungen kausal ist. Sie kann daher möglicherweise erst während der getrennten Begehung mehrerer Ungehorsamsdelikte zwischen den einzelnen Tätern zustande kommen, so daß sich dann ein einfacher Ungehorsam oder eine Gehorsamsverweigerung des § 100 in die des § 101 fortsetzt.

Eine bloße Teilnahme an der Verabredung, der die Gehorsamsverweigerung oder doch die gemeinschaftliche Gehorsamsverweigerung nicht folgt, ist als solche straflos, kann aber unter Umständen als intellektuelle Beihilfe bestraft werden.[2]

Daß die nach § 101 delinquierenden Schiffsleute (zur Schiffsmannschaft gehörigen Personen) nicht notwendig denselben Rang haben müssen, erscheint selbstverständlich; jedoch müssen sie schon deshalb zu der Besatzung desselben Schiffes gehören, weil den Angestellten des einen Schiffes niemals solche eines anderen vorgesetzt sind.[3]

Die angedrohte Strafe ist bei der Gehorsamsverweigerung des § 100 wahlweise Gefängnis bis zu 3 Monaten oder Geldstrafe bis zu 300 Mark, bei der schwereren des § 101 grundsätzlich Gefängnis bis zu einem Jahre und nur bei Vorhandensein mildernder Umstände nach richterlichem Ermessen Geldstrafe bis zu 300 Mark.

Für den Rädelsführer soll im Falle des § 101 jedoch nie auf Geldstrafe erkannt werden dürfen; er hat im allgemeinen Gefängnis bis zu 3 Jahren, bei mildernden Umständen Gefängnis bis zu einem Jahre zu gewärtigen.

---

[1] Vgl. Stenglein zu § 101 Anm. 1, Meves zu § 87 Anm. 3.
[2] Stenglein zu § 101 Anm. 2.
[3] Vgl. Meves zu § 86, 87 Anm. 2.

Wer als Rädelsführer anzusehen ist, läßt sich nicht für alle Fälle vollkommen klar bestimmen. Jedenfalls aber muß der Rädelsführer auch selbst den Gehorsam verweigert und entweder bei der Verabredung oder bei der Begehung der Tat irgendwie eine leitende Rolle gespielt haben.[1] Daß er gerade den ersten Anstoß zu der Verabredung gegeben hat, ist m. E. nicht erforderlich und jedenfalls für sich allein nicht genügend.

Richtig bezeichnet vielleicht Katz (zu § 101) den Rädelsführer als „das geistige Haupt der Ausführung, der also die Verabredung, wenn auch nicht anstifte, so doch leite und zugleich bei Begehung Führer der Mittäter ist“.

Nach dieser Begriffsbestimmung erscheint es zweifellos, daß trotz des anscheinend widersprechenden Wortlautes des Gesetzes mehrere Rädelsführer und daß andrerseits als Rädelsführer nur Schiffsleute in Frage kommen können.[2] Anstifter oder Gehilfe kann aber natürlich auch ein Nichtschiffsmann sein.

Im übrigen braucht nicht notwendig immer ein Rädelsführer vorhanden zu sein. Man denke besonders an den Fall, daß ein Dritter, etwa ein Passagier, die Täter zur Verabredung und gemeinsamen Begehung einer Gehorsamsverweigerung anreizt, während keiner der Täter selbst eine führende Rolle dabei spielt.

3. Zuständig für die Verhandlung und Entscheidung sind im Falle des § 100 nach § 27 Z. 2 G.V.G. die Schöffengerichte, im Falle des § 101 nach § 73 Z. 1 G.V.G. die Strafkammern.

§ 8.

Die Nötigung eines Vorgesetzten.

Die Freiheit der Willensbestimmung und Willensbetätigung des Kapitäns und der sonstigen Vorgesetzten von Schiffsleuten

---

[1] Vgl. Stenglein zu § 101 Anm. 3; Katz zu § 101 Anm. 3; Meves zu §§ 86, 87 Anm. 3. Daß der Rädelsführer bei Begehung der Tat mittun muß, folgert Stenglein besonders daraus, daß die Strafdrohung für den Rädelsführer im Gesetzestexte in unmittelbarem Zusammenhang steht mit der für die Täter im allgemeinen.

[2] Katz zu § 101 Anm. 3; Meves zu §§ 86, 87 Anm. 3; L. Perels zu § 101 Anm. 3; Stenglein zu § 101 Anm. 3.

erscheint in vielen Fällen durch die Strafdrohungen des § 240 St.G.B. noch nicht in einer den besonderen praktischen Bedürfnissen genügenden Weise geschützt, nämlich dann nicht, wenn es sich um die Willensbestimmung und Willensbetätigung innerhalb ihres dienstlichen Wirkungskreises handelt.

In diesen Fällen erschienen einerseits die für die Nötigung i. S. des § 240 St.G.B. allein tauglichen Mittel der Gewalt oder der Bedrohung mit einem Vergehen oder Verbrechen zu eng umgrenzt, andrerseits glaubte man in solchen Fällen bei der Schaffung der alten S.O., neben dem vollendeten Delikt nicht nur den Versuch, sondern schon das Unternehmen der Begehung strafen zu müssen und selbst bei einem bloßen Unternehmen der Tat über den Strafrahmen der gemeinen Nötigung hinausgehen zu dürfen.

Daher bestimmte § 89 a. S.O. in teilweisem Anschluß an § 114 St.G.B.:

> Der Schiffsmann, der es unternimmt, den Schiffer oder einen anderen Vorgesetzten durch Gewalt oder durch Bedrohung mit Gewalt oder durch Verweigerung der Dienste zur Vornahme oder zur Unterlassung einer dienstlichen Verrichtung zu nötigen, wird mit Gefängnis bis zu 2 Jahren bestraft. Sind mildernde Umstände vorhanden, so kann auf Geldstrafe bis zu 600 Mark erkannt werden.

Während diese im Verhältnis zu § 240 St.G.B., der selbst die vollendete Nötigung nur mit Gefängnis bis zu 1 Jahr oder Geldstrafe bis zu 600 Mark bedroht, recht harte, im Verhältnis zu § 114 St.G.B. aber immerhin merkwürdig milde Strafbestimmung noch nach § 97 des Entwurfs der geltenden Seemannsordnung unverändert bleiben sollte, schränkt sie der § 103 der geltenden Seemannsordnung insofern erheblich ein, als er nur die Vollendung der Nötigung mit der erwähnten Strafe des § 89 a. S.O. bedroht, daneben allerdings ebenso wie § 240 St.G.B. den Versuch für strafbar erklärt, das Unternehmen der Handlung als solches aber straflos läßt.

Damit erscheint § 103 S.O. jetzt noch deutlicher als § 89 a. S.O. nur als ein besonderer, qualifizierter Fall der gemeinen Nötigung des Reichsstrafgesetzbuchs. Soweit beide Delikte gemeinschaftliche Merkmale zeigen, mag § 103 S.O. hier nicht näher erläutert werden; denn es erscheint gerechtfertigt, die Sonderdelikte der Schiffsleute hier nur insoweit zu behandeln, als sie wirklich Besonderheiten bieten.

Die Besonderheiten der Nötigung des § 103 S.O. im Verhältnis zu der des § 240 St.G.B. sind aber folgende:

1. Täter kann nur ein Schiffsmann, Verletzter nur ein Vorgesetzter desselben Schiffsmanns sein. Ein Schiffsmann, der den Kapitän eines anderen Schiffes oder etwa einen Angestellten seines Schiffes, der nur in einem ihm fremden Dienstzweige die Stellung eines Vorgesetzten einnimmt (§ 3 Abs. 4 S.O.), zur Vornahme oder Unterlassung einer dienstlichen Verrichtung nötigt, kann nicht nach § 103 S.O., sondern höchstens nach § 240 St.G.B. bestraft werden.

Andrerseits ist es ohne Belang, ob der Vorgesetzte sich zur Zeit der Nötigung gerade in dienstlicher Funktion befand oder nicht.

2. Als Mittel der Nötigung kennt § 103 S.O. außer der Gewalt:

a) Die Bedrohung mit Gewalt. Ob diese Gewalt bei Verwirklichung den Tatbestand eines Verbrechens oder Vergehens erfüllen würde, kommt nicht in Betracht; andrerseits reicht die Bedrohung mit einem Verbrechen oder Vergehen, deren Begehung — wie z. B. die Beleidigung — eine (physische) Gewalt i. S. von §§ 103 S.O., 240 St.G.B. nicht enthalten würde, zur Strafbarkeit nach § 103 S.O. nicht aus.

b) Die Verweigerung der Dienste. Diese Weigerung ist zweifellos nur insoweit von Bedeutung, als es sich um Dienste handelt, zu deren Leistung der Schiffsmann verpflichtet ist, mit anderen Worten um Verweigerung des schuldigen Gehorsams i. S. von §§ 100, 101 S.O.[1] Natürlich genügt auch die Verweigerung einer einzelnen Dienstleistung.

---

[1] Meves zu § 89 Anm. 4; Katz zu § 103 Anm. 4; Stenglein zu § 10 Anm. 5.

3. Der Vorgesetzte muß durch das Verhalten des Schiffsmanns zur Vornahme oder Unterlassung einer dienstlichen Verrichtung genötigt werden.

Dienstliche Verrichtung ist nach MEVES[1] jede Handlung des Vorgesetzten, welche sich auf die Führung und Leitung des Schiffes bezieht, nach STENGLEIN (zu § 103 Anm. 7) jede Anordnung, welche den Schiffsdienst betrifft, nach KATZ (zu § 103 Anm. 4) jede Verrichtung, welche zu den dem Vorgesetzten besonders obliegenden Geschäften gehört. Analog den „Amtshandlungen" in § 114 St.G.B. kann man vielleicht die dienstlichen Verrichtungen eines Vorgesetzten auch als diejenigen Handlungen bezeichnen, welche innerhalb der Zuständigkeit, d. h. innerhalb des Kreises der Pflichten oder Rechte des Vorgesetzten liegen und vermöge derselben vorzunehmen sind.[2] Das praktische Ergebnis wird hiernach allerdings dasselbe sein, wie nach den von MEVES und KATZ gegebenen Definitionen, während STENGLEIN, sofern er nur die Dienstbefehle im Auge hat, den Begriff wohl zu eng faßt; nach ihm würde z. B. der Schiffsmann nicht nach § 103 bestraft werden können, der den Kapitän zur Unterlassung einer nach § 98 vorgeschriebenen Eintragung ins Schiffstagebuch nötigt.

Nach STENGLEIN soll übrigens, sofern die Anordnung nur den Schiffsdienst betrifft, nichts darauf ankommen, ob sie innerhalb der Befugnisse des Vorgesetzten liegt oder nicht.[3] Hiernach wäre auch der Schiffsmann nach § 103 zu bestrafen, der etwa den Schiffsarzt nötigt, dem Steuermann das Halten eines bestimmten

---

[1] Als solche Handlung bezeichnet MEVES (zu § 89 Anm. 2) nicht nur jede, die den Kurs des Schiffes oder die Sicherheit und Schnelligkeit der Fahrt im Auge hat, sondern auch jede andere, welche innerhalb der dem Vorgesetzten vom Gesetz auferlegten Pflichten liegt. Vgl. auch § 7 des preuß. Ges. vom 31. März 1841, worin derjenige Schiffsmann mit Strafe bedroht war, welcher den Kapitän durch Gewalt oder Drohung oder auch nur durch Verweigerung der Dienste „zu einer Handlung oder Unterlassung, welche sich auf die Leitung des Schiffes, sowie auf die Aufsicht über das Schiff oder die Ladung bezieht", zu nötigen sucht.

[2] Vgl. R.G.St. Bd. 18 S. 350.

[3] Vgl. auch MEVES zu § 89 Anm. 2.

Kurses anzubefehlen oder dem Kapitän hinsichtlich des Schiffsdienstes Vorschriften zu erteilen.

4. Zum Vorsatze gehört im besonderen das Bewußtsein des Schiffsmanns, auf den Willen eines ihm dienstlich Vorgesetzten einen Zwang auszuüben. Auch das Vorhandensein der unter 2. und 3. erläuterten Tatbestandsmomente muß dem Schiffsmann bekannt sein.

5. Wann ein strafbarer Versuch vorliegt, bestimmt sich lediglich nach § 43 St.G.B.; natürlicherweise haben auch die Bestimmungen in §§ 44—46 St.G.B. Geltung.

6. Zuständig als erkennende Gerichte sind nach § 73 Z. 1 G.V.G. die Strafkammern. Eine Überweisung an die Schöffengerichte ist anders als in den Fällen des § 114 St.G.B. (vgl. § 75 Z. 1 G.V.G.) niemals zulässig.

§ 9.

Der Widerstand gegen Vorgesetzte.

Nach § 104 S.O. finden die Strafvorschriften des § 103 auch auf den Schiffsmann Anwendung, welcher dem Kapitän, einem Schiffsoffizier oder einem anderen Vorgesetzten in Ausübung seiner Dienstbefugnisse durch Gewalt oder durch Bedrohung mit Gewalt Widerstand leistet oder den Kapitän, einen Schiffsoffizier oder einen anderen Vorgesetzten tätlich angreift.[1]

Auch die Erläuterung dieses Widerstands gegen Vorgesetzte erübrigt sich zum Teil infolge der analogen Bestimmung in § 113 St.G.B., die denjenigen mit Strafe bedroht, welcher einem Beamten, der zur Vollstreckung von Gesetzen usw. berufen ist, in der rechtmäßigen Ausübung seines Amtes durch Gewalt oder durch Bedrohung mit Gewalt Widerstand leistet oder einen

[1] Auch bei diesem Delikte sollte noch nach § 98 des Entwurfs zur geltenden S.O., ebenso wie nach § 90 a. S.O. schon das Unternehmen der Handlung strafbar sein; ebenso war nach dem Wortlaute kein Gewicht darauf gelegt, ob der Vorgesetzte sich in Ausübung seiner Dienstbefugnisse befand oder nicht.

solchen Beamten während der rechtmäßigen Ausübung seines Amtes tätlich angreift.

Zur Erläuterung der Begriffe der Gewalt, der Bedrohung mit Gewalt, des Widerstands und des tätlichen Angriffs mag daher auf die Litteratur und die Rechtsprechung des Reichsgerichts zu § 113 St.G.B. verwiesen sein, und nur die Besonderheiten des Widerstands der S.O. im Verhältnis zu dem des § 113 St.G.B. seien im folgenden hervorgehoben:

1. Täter kann nur ein Schiffsmann, Verletzter nur ein Vorgesetzter desselben sein (s. o. § 8 Z. 1).

2. Der Vorgesetzte muß sich in Ausübung seiner Dienstbefugnisse befinden, d. h. er muß im Begriffe stehen, solche Handlungen vorzunehmen, zu deren Vornahme er kraft seiner Dienststellung befugt ist. Damit ergibt sich ohne weiteres, daß eine wenn auch nur in concreto unrechtmäßige Ausübung der Dienstgewalt die Anwendbarkeit des § 104 ausschließt, und es bedarf dazu gar keiner analogen Übertragung des Begriffes der Rechtmäßigkeit aus § 113 St.G.B.[1] [2]

Im übrigen ist es gleichgültig, ob die Handlung des Vorgesetzten sich gegen einen Schiffsmann richtet oder nicht, und im ersteren Falle braucht der Schiffsmann, welcher den Widerstand leistet, nicht notwendig derselbe zu sein, gegen den sich die Handlung des Vorgesetzten richtet.

Zweifelhaft erscheint, ob auch der Vorgesetzte, gegen den sich der tätliche Angriff richtet, gerade in Ausübung seiner Dienstbefugnisse begriffen sein muß. Nach der milden Tendenz des Gesetzgebers und im Anschluß an § 113 St.G.B. läßt sich dies m. E. bejahen, zumal auch die Worte „in Ausübung seiner Dienstbefugnisse“ ohne sprachliche Schwierigkeiten aus dem Voraus-

---

[1] Vgl. bes. R.G.St. vom 1. November 1880 Bd. 2 S. 411, 12. Juli 1881 Bd. 4 S. 374, 18. November 1882 Bd. 7 S. 301, 2. November 1885 Bd. 13 S. 105, 5. November 1895 Bd. 27 S. 405.

[2] Katz zu § 104 Anm. 1, der selbst übrigens auf diese Rechtmäßigkeit zur Strafbarkeit nach § 104 S.O. kein Gewicht legt.

gehenden ergänzt werden können.[1] Allerdings ist zu beachten, daß der tätliche Angriff auf einen Vorgesetzten im Interesse der Manneszucht an sich eine besondere Ahndung rechtfertigt, die bei der erwähnten Auslegung in vielen Fällen ausbleibt; denn ein tätlicher Angriff auf Vorgesetzte, die sich nicht in Ausübung ihrer Dienstbefugnisse befinden, kann dann, sofern er nicht zugleich eine Körperverletzung enthält, nur nach § 96 Z. 3 bestraft werden.

3. Zum *dolus* gehört, daß der Täter die unter 1. und 2. angeführten Umstände während der Tat kennt.[2] Sofern der Vorgesetzte sich jedoch tatsächlich in Ausübung seiner Dienstbefugnisse befindet, kann sich der Schiffsmann aber wohl auch hier infolge seiner Pflicht zu unweigerlichem Gehorsam nicht darauf berufen, daß er die betreffende Handlung des Vorgesetzten für unrechtmäßig gehalten habe (s. o. § 6 Z. 7).

Welchen Zweck der Schiffsmann mit dem Widerstande oder dem tätlichen Angriff verfolgt, ist gleichgültig; insbesondere braucht der tätliche Angriff nicht zu geschehen, um Widerstand zu leisten.[3]

4. Die Strafdrohungen sind dieselben wie in § 103, mithin grundsätzlich Gefängnis bis zu 2 Jahren und nur bei mildernden Umständen nach richterlichem Ermessen Geldstrafe bis zu 600 M. Aus der Bezugnahme auf die Strafvorschriften des § 103 folgt ferner auch für das Vergehen des § 104 die Strafbarkeit des Versuchs.

5. Die Entscheidung steht ebenso wie in den Fällen des § 103 ausschließlich den Strafkammern zu.

---

[1] Vgl. hierzu die analoge Entscheidung des Reichsgerichts R.G.St. vom 30. Oktober 1880 Bd. 3 S. 17.

[2] Z. T. abweichend Meves zu § 90 Anm. 2c, der die Annahme, daß das Objekt seiner Handlung nicht zu den Vorgesetzten gehöre, den Schiffsmann nur dann entschuldigen läßt, wenn sie eine richtige war, d. h. wenn es sich tatsächlich nicht um einen Vorgesetzten handelt. In einem solchen Falle ist die „Annahme" des Schiffsmanns aber überhaupt unbeachtlich und die Tat bleibt straflos wegen Untauglichkeit des Objekts.

[3] Katz zu § 104 Anm. 1; Stenglein zu § 104 Anm. 3; R.G.St. vom 2. November 1885 Bd. 13 S. 105.

§ 10.

Die Nötigung und der Widerstand im Komplott (Meuterei).

Wie die Nötigung des § 103 und der Widerstand des § 104 infolge ihrer inneren Verwandtschaft durch den in jedem Falle auf den Vorgesetzten bez. dessen Willen ausgeübten Zwang den gleichen Strafvorschriften unterstellt sind, so tritt nach § 105 SO. für beide Delikte in gleicher Weise eine Schärfung der angedrohten Strafe dann ein, wenn sie von mehreren Schiffsleuten auf Verabredung gemeinschaftlich begangen werden. In diesem Falle kann die Strafe bis auf das Doppelte des angedrohten Höchstbetrages, d. i. grundsätzlich auf Gefängnis bis zu 4 Jahren, bei Vorhandensein mildernder Umstände auf Geldstrafe bis zu 1200 M. erhöht werden, während nach § 105 Abs. 2 der Rädelsführer sowie diejenigen Schiffsleute, welche gegen einen Vorgesetzten Gewalttätigkeiten verüben, einer noch weiter verschärften Strafe unterliegen.

Das Delikt des § 105 S.O., welches nach § 91 a. S.O. gleichfalls schon durch das Unternehmen der Handlung verwirklicht war, wird von Meves als Meuterei bezeichnet. Mit demselben Worte benennt Boyens (Bd. I S. 458) alle in §§ 87 bis 91 a. S.O. bedrohten schweren Verletzungen der Dienstpflicht, während § 122 St.G.B. und § 103 M.St.G.B. unter Meuterei zwei weitere, auch von einander wiederum wesentlich verschiedene strafbare Handlungen verstehen.

1. Als charakteristisches Tatbestandsmerkmal erfordert die Meuterei der S.O. ebenso wie die des St.G.B. und des M.St.G.B. die Gemeinsamkeit der Begehung. Dazu genügt m. E. nicht:

a) Die „gleichzeitige Anwesenheit am Orte der Tat, wobei die Anwesenden ihr Einverständnis an den Tag legen, so daß sich der Vorgesetzte einer Vereinigung gegenübersieht" (Stenglein zu § 105 Anm. 2);

b) die „Ausführung der von allen gewollten Absicht in Anwesenheit und unter Zustimmung aller mit den von den übrigen gebilligten Mitteln" (Meves zu § 91 Anm. 2).

Vielmehr enthält die gemeinschaftliche Ausführung

c) den Begriff der Mittäterschaft i. S. von § 47 St.G.B.[1] Insbesondere müssen daher nach der Rechtsprechung des Reichsgerichts alle den Täterwillen, den animus auctoris besitzen. Im übrigen braucht das Maß ihrer tatsächlichen Mitwirkung bei der Ausführung nicht notwendig ein gleiches zu sein, und es ist insoweit nicht nötig, daß die Handlung eines jeden einzelnen den Erfolg der Nötigung selbständig herbeizuführen geeignet war, sofern dieser nur durch das Zusammenwirken erreicht wird.

Da der Begriff der gemeinschaftlichen Ausführung ebenso wie in § 101 zum gesetzlichen Tatbestand gehört, erfordert die Strafbarkeit überdies das Bewußtsein des Täters, daß er Mittäter oder doch einen Mittäter habe. In letzterer Beziehung darf aus der von § 101 abweichenden Fassung des § 105 schon deshalb nicht der Schluß gezogen werden, daß eine Beteiligung von mehr als zwei Schiffsleuten vorausgesetzt sei, weil nach § 102 (s. u.) die Aufforderung zur Begehung der Meuterei ausdrücklich auch dann für strafbar erklärt wird, wenn sie nur an zwei Schiffsleute gerichtet ist. Daraus folgt zweifellos, daß auch schon zwei Schiffsleute eine Meuterei begehen können.[2]

2. Die gemeinschaftliche Begehung muß auf Verabredung erfolgen.

Über das Wesen der Verabredung ist bei der Erläuterung des § 101 (oben § 7 Z. 2) das Nötige gesagt.

---

[1] So Katz zu § 105 Anm. 2 und besonders für den analogen Fall des gemeinschaftlichen Hausfriedensbruchs R.G.St. vom 9. Oktober 1880 Bd. 3 S. 7. Vgl. jedoch auch R.G.St. vom 2. Juli 1883 Bd. 9 S. 42 und 2. November 1888 Bd. 18 S. 174, wo für die „gemeinschaftliche Ausübung" einer Kontrebande i. S. von § 146 des Vereinszollgesetzes vom 1. Juli 1869 das örtlich und zeitlich verbundene Auftreten einer Mehrzahl bewußt zusammenwirkender Genossen für genügend erklärt wird, gleichviel ob sie Mittäter oder Gehilfen sind. Nach Meves zu § 91 Anm. 2 kann hingegen „weder die Definition der Mittäterschaft noch die der Teilnahme auf die Tätigkeit der Meuterer angewandt werden" (?).

[2] Meves zu § 91 Anm. 1; Stenglein zu § 105 Anm. 2; L. Perels zu § 105 Anm. 2.

Auch bei der Meuterei muß wie bei der gemeinschaftlichen Gehorsamsverweigerung die Tat eine Folge der Verabredung sein. Deshalb muß feststehen, daß die konkrete gemeinschaftliche Handlung ohne die Verabredung nicht verwirklicht worden wäre, und es liegt niemals Meuterei vor, wenn das gemeinschaftliche Zusammenwirken Werk eines Zufalls ist.[1]

Daneben ist es gleichgültig, ob sich die Verabredung auf jeden einzelnen Teil der Ausführung bezog und jedem gerade die von ihm gespielte Rolle zugewiesen hat. Jedoch ist § 105 wohl nicht, wie Meves (zu § 91 Z. 3) meint, schlechthin auch dann anzuwenden, wenn die verabredete, auf eine Nötigung gerichtete Tat bei der Ausführung in Widerstand übergeht, oder wenn die Ausführung des verabredeten gemeinschaftlichen Ungehorsams zum tätlichen Angriff, Nötigung oder Widerstand fortschreitet; vielmehr ist es in einem solchen Falle Tatfrage, ob die Verabredung zum mindesten als Eventualität auch das tatsächlich verübte Delikt umfaßte. Wird aber z. B. von zwei Schiffsleuten auf Verabredung ein gemeinsamer tätlicher Angriff auf einen Vorgesetzten ausgeführt und läßt sich der eine von ihnen bei der Ausführung zu dem in jedem Falle schwereren Delikte des Totschlags (§ 212 St.G.B. im Vgl. zu § 105 Abs. 2 S.O.) hinreißen, so wird dadurch die Strafbarkeit des anderen auf Grund von § 105 Abs. 2 selbst dann nicht berührt, wenn man annimmt, daß der Totschlag nur eine Fortsetzung des tätlichen Angriffs darstellt und den Totschläger infolgedessen nur aus § 212 St.G.B. bestraft.

Wie Stenglein hervorhebt, muß die Verabredung stets auf gemeinschaftliches Handeln gerichtet sein. War sie auf Einzelhandlungen gerichtet, so wird die Anwendbarkeit des § 105 S.O. auch dadurch nicht begründet, daß die Ausführung der Nötigung oder des Widerstands gemeinschaftlich geschieht, es sei denn, daß entwender die Verabredung das gemeinschaftliche Handeln als Eventualität mit einschloß, oder daß noch während des Abschlusses der gemeinschaftlichen Ausführung eine

---

[1] Meves zu § 91 vor Anm. 1.

Willensübereinstimmung zustande kam, auf Grund deren dann die Tat fortgesetzt wurde.

Streitig ist, ob alle Meuterer wie an der Begehung so auch an der Verabredung teilgenommen haben müssen. Bejaht wird diese Frage von KATZ, während nach STENGLEIN auch derjenige Mitwirkende wegen Meuterei zu bestrafen ist, der nur von der bestehenden Verabredung Kenntnis hatte, ohne sich an ihr beteiligt zu haben.

Die Meinung von KATZ ist m. E. die zutreffende; denn nach dem Wortlaute des Gesetzes erscheint es erforderlich, daß nicht nur das Gesamtresultat Folge einer Verabredung ist, sondern daß auch jeder einzelne auf Grund der Verabredung gehandelt hat. Es kann daher der Schiffsmann, der ohne vorausgehende Willenseinigung, wenn auch im Zusammenwirken mit den Meuterern dem Vorgesetzten gewaltsam Widerstand leistet, nur aus § 104 S.O. und höchstens in Konkurrenz damit als Gehilfe der Meuterer bestraft werden.

3. Nur in der Form der Beihilfe und der Anstiftung ist übrigens m. E. eine „Teilnahme" an der Meuterei denkbar, nicht auch in der Form der Mittäterschaft i. S. von § 47 St.G.B., wie STENGLEIN sie im Falle eines nur spontanen Zusammenwirkens ohne vorübergehendes Einverständnis für möglich hält. Denn die Teilnahme an der Verabredung und das Handeln auf Grund derselben ist m. E. gleichwertiges gesetzliches Tatbestandsmerkmal wie die gemeinschaftliche, d. h. in Mittäterschaft begangene Nötigungs- oder Widerstandshandlung selbst. Ein „Mittäter" müßte sich daher notwendig auch an der Verabredung beteiligt haben, gleichwie jeder Meuterer begrifflich Mittäter bei der Nötigung oder dem Widerstande ist. Daraus folgt aber wiederum, daß es keinen „Mittäter" bei der Meuterei gebe, der nicht selbst Meuterer wäre.[1]

Anstifter und Gehülfen können auch Nichtschiffsleute sein, Täter hingegen nur Schiffsleute und Verletzte nur Vor-

---

[1] Vgl. hierzu auch die zit. Entscheidung des R.G.St. vom 2. Juli 1883 Bd. 9 S. 42, wo ausgesprochen ist, daß §§ 48 ff. St.G.B., nicht aber auch § 47 St.G.B. neben der gemeinschaftlichen Defraude des § 146 des Vereinszollgesetzes anwendbar bleiben.

gesetzte derselben Schiffsleute, wie überhaupt für jeden Meuterer — abgesehen von dem vielleicht für sich allein zur Herbeiführung des Erfolges ungenügenden Maße seiner Tätigkeit bei der gemeinschaftlichen Ausführung — alle die Umstände vorliegen müssen, die seine Bestrafung nach §§ 103 oder 104 ermöglichen würden.

4. Nach § 105 Abs. 2 werden einerseits die Rädelsführer, andrerseits aber auch diejenigen, welche gegen den Kapitän oder einen anderen Vorgesetzten Gewalttätigkeiten verüben, wahlweise mit Zuchthaus bis zu 5 Jahren, neben welchem auf Zulässigkeit von Polizeiaufsicht erkannt werden kann, oder mit Gefängnis von gleicher Dauer bestraft, während bei Vorhandensein mildernder Umstände Gefängnisstrafe nicht unter 3 Monaten „eintritt".

a) Über den Begriff des Rädelsführers sind die Ausführungen zu § 101 (oben § 7 Z. 2) zu vergleichen.

b) Unter Gewalttätigkeiten sind mit Stenglein (zu § 105 Anm. 4) nicht nur alle Mißhandlungen, sondern alle Anwendungen von physischer Gewalt am Körper des Vorgesetzten, z. B. Festhalten, Binden oder dergl., nicht aber auch Gewalt an Sachen oder die bloße Androhung von Gewalt zu verstehen; auch wird jede einzelne, hiernach als Gewalttätigkeit zu bezeichnende Handlung zur Strafbarkeit nach § 105 Abs. 2 genügen. Die Gewalttätigkeit muß jedoch nicht nur die Person eines Vorgesetzten, sondern die Person gerade desjenigen Vorgesetzten treffen, gegen den die Meuterei, sei es in erster Linie oder eventüell, gerichtet ist. Daher reicht es an sich zu der schwereren Bestrafung nicht aus, wenn gegen einen Vorgesetzten Gewalt verübt wird, der auf der Seite des unmittelbar Angegriffenen steht oder diesem freiwillig zu Hilfe eilt.[1]

Mit Recht macht ferner Meves darauf aufmerksam, daß in vielen Fällen der Nötigung oder des Widerstands, hier aber wiederum stets bei dem tätlichen Angriff, die

---

[1] So Meves zu § 91 Anm. 5; anders Stenglein zu § 105 Anm. 4.

Verübung einer Gewalttätigkeit an sich zur Erfüllung des Tatbestands gehört. Jedoch braucht auch in diesen Fällen bei der gemeinschaftlichen Begehung nicht notwendig jeder einzelne Hand an den Vorgesetzten zu legen, und die verschärfte Strafe trifft dann lediglich die, welche das letztere getan haben.

c) Wenn § 105 Abs. 2 S. 1 neben der Zuchthausstrafe bis zu 5 Jahren wahlweise Gefängnis von gleicher Dauer androht, so kann damit, wie in der Litteratur einstimmig angenommen wird, schon deshalb nur Gefängnis von mindestens 1 bis zu 5 Jahren gemeint sein, weil sonst gemäß Abs. 2 S. 2. bei mildernden Umständen in jedem Falle eine schwerere Strafe ausgeworfen werden müßte, als ohne solche möglich wäre.

Mildernde Umstände müssen im Falle des § 105 Abs. 2 im Gegensatz zu Abs. 1 berücksichtigt werden, wie der verschiedene Wortlaut der Strafdrohungen in § 105 Abs. 2 S. 2 und § 103 S. 2 i. V. mit § 105 Abs. 1 deutlich ergibt.

Verschiedene Ansichten herrschen in der Litteratur darüber, ob im Falle des § 105 Abs. 2 auf Verlust der bürgerlichen Ehrenrechte nur neben der Zuchthausstrafe oder auch neben der Gefängnisstrafe erkannt werden kann. Stenglein bejaht letzteres schlechthin, obwohl das Gesetz den Verlust der bürgerlichen Ehrenrechte neben der Gefängnisstrafe nicht ausdrücklich zuläßt. Nach anderer Meinung[1] ist die Aberkennung der bürgerlichen Ehrenrechte neben der Gefängnisstrafe nur dann zulässig, wenn diese wegen Annahme mildernder Umstände an Stelle von Zuchthaus ausgeworfen worden ist. Nach der richtigen, vom Reichsgericht[2] und von F. Perelt[3] vertretenen Ansicht dürfen neben der Gefängnisstrafe jedoch selbst in dem letzteren Falle die bürgerlichen Ehrenrechte nicht aberkannt werden, weil hier die Ge-

---

[1] Kleinfeller S. 619.

[2] R.G.St. vom 5. Juni 1894, Bd. 25 S. 408.

[3] zu § 91 S.O.

fängnisstrafe nicht an Stelle von Zuchthaus schlechthin, sondern nur an Stelle von Zuchthaus oder Gefängnis ausgesprochen wird, „auf eine derartige als einheitliches Ganze zu betrachtende Strafdrohung mit ihrem ausgesprochenen eigenen Charakter aber nicht einfach dasjenige übertragen werden darf, was über die Strafdrohung des Zuchthauses als solche normiert ist".

Die weitere Streitfrage endlich, ob auch neben der alternativ angedrohten Gefängnisstrafe des § 105 Abs. 2 auf Zulässigkeit von Polizeiaufsicht erkannt werden könne,[1] ist durch die Neuredaktion der Strafbestimmung in verneinendem Sinne entschieden worden.

5. Die Aburteilung der Meuterer erfolgt in jedem Falle durch die Strafkammern.

§ 11.

Die Aufforderung zur Gehorsamsverweigerung und zur Meuterei. Das Vergehen nach § 106.

Wenngleich, wie mehrfach erwähnt, die Vorschriften des Reichsstrafgesetzbuchs über Anstiftung (§ 48) und Beihilfe (§ 49) bei allen Delikten der Schiffsleute — für die Beihilfe natürlich die Übertretungen ausgenommen — Anwendung finden und zwar gleichviel, ob ein Schiffsmann oder ein extraneus Anstifter oder Gehilfe ist, so erschien die Anwendung dieser Vorschriften allein doch in den schwereren Fällen der Insubordination nicht ausreichend, um der Gefahr jeder Förderung solcher Straftaten in genügender Weise entgegenzutreten. Der Grund dafür liegt vor allem darin, daß sowohl die Anstiftung wie die Beihilfe zu ihrer Strafbarkeit die Begehung einer strafbaren Haupttat voraussetzen, während nach §§ 48, 49 St.G.B. jeder Versuch der Förderung bzw. Herbeiführung einer strafbaren Handlung grundsätzlich straflos bleibt.

Auf dieser Erwägung beruhen — wenigstens zum Teil — im Reichsstrafgesetzbuch selbst die §§ 49 a, 85, 111, 112, 130, 159,

[1] In § 91 a. S.O. fehlten die Worte „neben der Zuchthausstrafe"!

133; von den Strafbestimmungen der Seemannsordnung gehören hierher die §§ 102 und 106.

I. Nach § 102 S.O. wird ebenso wie nach § 88 a. S.O. der Schiffsmann, welcher zwei oder mehrere zur Schiffsmannschaft gehörige Personen zur Begehung einer Gehorsamsverweigerung im Komplott (§ 101) oder einer Meuterei (§ 105) auffordert, gleich dem Anstifter bestraft, wenn die Aufforderung die strafbare Handlung oder einen strafbaren Versuch derselben zur Folge gehabt hat, während auch die erfolglose Aufforderung zur Gehorsamsverweigerung im Komplott mit Geldstrafe bis zu 300 Mark, die zur Meuterei aber wahlweise mit Geldstrafe bis zu 600 Mark oder mit Gefängnis bis zu 1 Jahr zu sühnen ist.

Die entsprechenden Vorschriften des Entwurfs zur alten S.O. (§§ 88, 89), zu deren Rechtfertigung die Motive bemerken, daß die außerordentliche Gefährlichkeit einer von einem Mitgliede der Mannschaft ausgehenden Aufreizung des Schiffsvolkes zu Unbotmäßigkeiten und Gewalttätigkeiten eine strenge Repression erheische, verfolgten die Grundtendenz des jetzigen § 102 S.O. noch weiter, indem § 89 nicht nur die Aufforderung zur gemeinschaftlichen Gehorsamsverweigerung und zur Meuterei, sondern auch die zur einfachen Nötigung und zum einfachen Widerstande, § 88 aber sogar die Aufforderung zum Ungehorsam gegen Vorgesetzte schlechthin für strafbar erklärte; dabei sollte es überdies entsprechend den oben erwähnten Bestimmungen in §§ 110 und 111 St.G.B. genügen, wenn die Aufforderung vor zwei oder mehreren Schiffsleuten erfolgt war.

Das Wesen der Delikte in § 102 der geltenden Seemannsordnung ist jedoch das gleiche geblieben wie nach der alten Seemannsordnung und deren Entwürfe und liegt nach wie vor in der

1. Aufforderung zur Begehung einer strafbaren Handlung wider die Mannszucht.

Diese Aufforderung muß, wie auch aus der erwähnten Stelle der Motive klar hervorgeht, von einem zur Besatzung des Schiffes gehörigen Schiffsmanne ausgehen und an zwei oder mehrere Schiffsleute oder Schiffsoffiziere desselben

Schiffes gerichtet sein. Mit welchen Mitteln sie erfolgt, ist gleichgültig; sie braucht nicht notwendig mündlich, kann vielmehr auch schriftlich oder durch Gesten, unmittelbar oder mittelbar verwirklicht werden. In jedem Falle aber muß sie eine erkennbare, ernstlich gemeinte Kundgebung sein, wodurch die Aufgeforderten zur Verübung der strafbaren Handlungen der §§ 101, 105 veranlaßt werden sollen.[1] Ob die Aufgeforderten die Aufforderung angenommen oder auch nur tatsächlich als solche erkannt haben, ob sie bereits zur Tat entschlossen waren oder an ihre Ausführung überhaupt noch nicht dachten, und ob diejenigen, welche der Auffordernde bestimmen will, die Tat auch wirklich begehen oder auch nur durch die Aufforderung zu ihrer Begehung ermuntert worden sind, kommt für das Wesen der Aufforderung an sich nicht in Betracht.

Die Aufforderung muß ferner, wie Stenglein (zu § 102 Anm. 3) bemerkt, auf den vollen Tatbestand der §§ 101 oder 105 gerichtet sein, mithin im Falle des § 101 nicht nur auf gemeinschaftliche Gehorsamsverweigerung, sondern auch auf verabredete Gehorsamsverweigerung. Eine teilweise abweichende Ansicht vertritt Meves (zu § 88). Nach ihm müssen zwar „die tatsächlichen Feststellungen behufs Anwendung des Gesetzes auf die Aufforderung in jedem Falle auch das Requisit der Verabredung umfassen, also eine Verabredung als stattgehabt erwähnen und ihren Eintritt als in den Willen des Auffordernden liegend darstellen; jedoch bedürfe es nicht des Nachweises, daß — im Falle § 101 Abs. 1 — nach erfolgter Aufforderung die Übereinstimmung der zu gemeinschaftlichem Handeln Aufgeforderten durch eine besondere Abrede erzielt worden sei, und es sei vielmehr die Aufforderung selbst, welche an die anwesenden zur Begehung der Tat angereizten Personen gerichtet, gleichzeitig auch das Moment der Verabredung umfasse, wenn sie auch besondere Abreden über die Art der Ausführung nicht ausschließe.“ Daran ist richtig, daß der Eintritt einer Verabredung in dem Willen des Auffordernden liegen muß, unrichtig erscheint jedoch,

---

[1] Vgl. R.G.St. vom 16. April 1883 Bd. 8 S. 229, vom 4. Juni 1897 Bd. 30 S. 142; Meves zu § 88 Anm. 1.

daß jede an mehrere Personen gerichtete Aufforderung zur Begehung der Tat an sich auch das Moment der Verabredung umfasse; gerade dieses ist vielmehr Tatfrage, wenn auch wohl in allen Fällen, in denen ein Schiffsmann mehrere gleichzeitig zum gemeinschaftlichen Widerstande oder zur gemeinschaftlichen Gehorsamsverweigerung auffordert, der Auffordernde zum mindesten als Eventualität auch die hinzutretende Verabredung von vornherein billigen und stillschweigend, wenn auch erkennbar, in die Aufforderung mit einschließen wird.

Auch die weitere Ansicht von Meves, daß eine Aufforderung zur Begehung einer nach §§ 101, 105 strafbaren Handlung schon dann vorliege, wenn die Aufforderung, ohne eines der beiden Delikte bestimmt zu bezeichnen, überhaupt auf Unbotmäßigkeit gerichtet sei und die Anreizung zur Begehung einer solchen enthalte, ist m. E. nicht haltbar, zumal das Gesetz im Falle der erfolglosen Aufforderung des § 102 Abs. 2 genau zwischen der Aufforderung zur Gehorsamsverweigerung im Komplott und der zur Meuterei unterscheidet, eine Aufforderung zu anderer Unbotmäßigkeit als solche aber nirgends unter Strafe stellt.

Da § 102 S.O. anders als § 49a St.G.B. nur die Aufforderung zur Begehung einer nach §§ 101, 105 strafbaren Handlung, nicht auch die Aufforderung zur Teilnahme daran erwähnt, kann die Aufforderung zur Anstiftung zu jenen Delikten oder zur Beihilfe bei ihnen niemals nach § 102 S.O. bestraft werden. Ist die Aufforderung aber auf Begehung gerichtet, so kommt nichts darauf an, ob die Tat nach dem Willen des Auffordernden schlechthin oder nur bedingungsweise begangen werden soll.

2. Im Gegensatz zu §§ 88, 89 des Entwurfs zur alten S.O. und zu §§ 110, 111 St.G.B. muß die Aufforderung an zwei oder mehrere Schiffsleute gerichtet sein, und es ist weder erforderlich noch genügend, daß sie vor mehreren Schiffsleuten erfolgt, d. h. gleichzeitig für mehrere wahrnehmbar ist.[1] Daher ist der Tatbestand des § 102 einerseits auch dann erfüllt, wenn mehrere Schiffsleute nach einander einzeln und vertraulich zur Begehung

[1] R.G.St. vom 20. Oktober 1881 Bd. 5 S. 60.

der Meuterei aufgefordert werden, andrerseits genügt es nicht, wenn nur ein einzelner Schiffsmann, wenngleich zu Gehör mehrerer, aufgefordert wird, sich an einer — vielleicht nur in Gemeinschaft mit dem Auffordernden selbst zu begehenden — Meuterei zu beteiligen.[1]

3. Die Aufforderung muß in objektiver wie auch in subjektiver Hinsicht, d. h. nach der Annahme des Auffordernden, nicht nur die äußerliche Verwirklichung der Tatbestände des § 101 oder § 105 S.O., sondern die strafbare Begehung jener Handlungen zum Gegenstande haben. Daher bleibt z. B. der Schiffsmann straflos, der andere auffordert, dem Kapitän in einem Falle den Gehorsam zu verweigern, wo dieser die Begehung einer strafbaren Handlung, etwa die körperliche Züchtigung eines widerspenstigen Schiffsjungen, anbefiehlt. Entsprechendes gilt auch dann, wenn der Auffordernde irrtümlich annahm, die zum Widerstande Aufgeforderten befänden sich in einer Notwehr- oder Notstandslage; nicht hingegen wenn er irrtümlich annahm, die zur Gehorsamsverweigerung Aufgeforderten brauchten im einzelnen Falle deshalb keinen Gehorsam zu leisten, weil der Befehl des Vorgesetzten lediglich dessen Befugnisse überschreite. Denn in einem solchen Falle würde diese Annahme infolge der Pflicht zu unweigerlichem Gehorsam auch die aufgeforderten Täter nicht vor Strafe schützen, und die Handlung würde bei Verwirklichung in jedem Falle eine strafbare sein.

4. Wie eingangs ausgeführt, besteht das Wesen der in § 102 bedrohten Delikte in der Aufforderung an sich ohne Rücksicht auf ihren Erfolg. Nur soll diese Aufforderung dann, wenn sie die beabsichtigte strafbare Handlung oder einen strafbaren Versuch (§ 105 i. V. mit §§ 103 S. 3, 104) derselben zur Folge gehabt hat, schwerer strafbar sein.

Das Wesen des § 102 Abs. 2, welcher die Aufforderung bedroht, sofern sie ohne Erfolg geblieben ist, entspricht durchaus der Aufforderung zur Begehung eines Verbrechens i. S. von § 49a St.G.B.; denn auch dieser setzt voraus, daß das Werben der Täter, daß die Anstiftung mißlungen ist, und beide

[1] Vgl. hierzu Stenglein zu § 102 Anm. 1. A. M. Meves zu § 88 Anm. 4.

Strafbestimmungen greifen nur ein, „wenn ein strafbar angegangener Täter fehlt", scheiden aber aus, sobald die Aufgeforderten die strafbare Handlung vollendet oder in strafbarer Weise versucht haben.[1] Die erfolgreiche Aufforderung des § 102 Abs. 1 aber steht wohl durchweg der Anstiftung i. S. von § 48 St.G.B. gleich.[2]

Einen Unterschied zwischen Anstiftung und erfolgreicher Aufforderung findet zwar STENGLEIN darin, daß § 102 Abs. 1 als Mittel zur Willensbestimmung nur die Aufforderung kennt, während die Anstiftung in ihren Mitteln unbeschränkt sei. Wenn man jedoch mit dem Reichsgericht unter der Aufforderung jede ernstlich gemeinte Kundgebung irgend welcher Art versteht, durch welche die Aufgeforderten zur Verübung der strafbaren Handlungen veranlaßt werden sollen, so ist insoweit ein Unterschied zwischen der Aufforderung und der Anstiftung m. E. nicht vorhanden; denn auch eine vorsätzliche Bestimmung zur Tat kann m. E. in jedem Falle nur durch eine Kundgebung des erwähnten Sinnes erfolgen, und insbesondere enthält jedes der in § 48 ausdrücklich bezeichneten Mittel, wie Geschenke, Versprechen, Drohung, Herbeiführung eines Irrtums, wenn dadurch jemand zu einer Handlung vorsätzlich bestimmt werden soll, notwendig eine solche Kundgebung.

Zu beachten ist, daß bei lediglich zeitlicher Aufeinanderfolge der Aufforderung und der strafbaren Handlung ohne Kausalität § 102 Abs. 2 Anwendung zu finden hat; denn erfolgreich i. S. von § 102 ist nur die ursächliche Aufforderung.

5. Die Strafe für den erfolgreich Auffordernden ist gemäß § 48 Abs. 2 St.G.B. nach dem Strafgesetze zu bemessen, welches auf die durch ihn verursachte Tat anzuwenden ist. Möglicherweise bestimmt sich diese Strafe daher auch nach den jedesmal für die Rädelsführer geltenden verschärften Strafvorschriften, nämlich dann, wenn etwa die Aufforderung auf Rädels-

[1] Vgl. bes. R.G.St. vom 16. April 1883 Bd. 8 S. 229, 231.

[2] Vgl. hierzu BINDING, Handbuch S. 590 A. M. 7, wonach kein Unterschied zwischen (§ 111 Abs. 1 St.G.B. und demnach analog auch) § 102 Abs. 1 S.O. und der Anstiftung besteht. A. M. STENGLEIN zu § 102 und MEVES zu § 88 Anm. 6.

führerschaft mehrerer bei einer von diesen ins Werk zu setzenden Meuterei abzielte und diese Aufforderung den gewünschten Erfolg gehabt hat.

Zu beachten ist ferner, daß jeder Nichtschiffsmann, welcher einen oder mehrere Schiffsleute — sei es mündlich unter Versprechung bezw. Gewährungen von Vorteilen oder anderswie — auffordert, bei einer Meuterei Rädelsführer zu sein oder gegen Vorgesetzte Gewalt zu verüben, mithin aber nach § 105 Ab. 2 S.O. i. V. mit § 1 Abs. 1 St.G.B. ein Verbrechen zu begehen, nach § 49a St.G.B. mit Gefängnis bis zu 2 Jahren oder Festungshaft von gleicher Dauer zu bestrafen ist. Für Schiffsleute hingegen kommt infolge der strengen Subsidiarität, die sich § 49a beilegt, bei jeder erfolglosen Aufforderung dieser Art, insbesondere auch dann, wenn die lediglich mündlich ausgedrückte an Gewährung von Vorteilen geknüpft ist, stets nur § 102 Abs. 2 S.O. mit seiner wesentlich geringeren Strafdrohung zur Anwendung, ein unbilliges Ergebnis, das logischerweise jedoch unabweislich erscheint.

II. Gleichwie § 102 S.O. darauf abzielt, neben der vorsätzlichen Bestimmung (Anstiftung) zur Begehung der gefährlichsten Delikte gegen die Mannszucht auch die bloße Anreizung unter Strafe zu stellen, so bezweckt § 106 S.O., neben der bewußten Beihilfe zur Begehung der Nötigung und des Widerstands gegenüber Vorgesetzten auch derjenigen Förderung der genannten Delikte entgegenzutreten, die lediglich dadurch geschieht oder doch wahrscheinlicherweise geschieht, daß ein Schiffsmann den auf die Abwehr oder Unterdrückung dieser Delikte gerichteten Befehlen eines Vorgesetzten den Gehorsam verweigert.

Ein solcher Schiffsmann sollte nach § 92 a. S.O. analog der Bestimmung des § 88 Abs. 1 (102 Abs. 1) als Gehilfe bestraft werden, während ihn nach § 106 der geltenden S.O., die hierbei wohl einer von Meves gegebenen Anregung gefolgt ist, Gefängnis bis zu 6 Monaten oder Geldstrafe bis zu 300 Mark trifft.

Zum Tatbestande des § 106 S.O. gehört im einzelnen folgendes:

1. Es muß die Ausführung eines Widerstandes oder

einer Nötigung i. S. von §§ 103, 104 begonnen haben. Natürlich ist aber § 106 erst recht auch dann anzuwenden, wenn eine Meuterei i. S. von § 105 in die Ausführung getreten ist, da die Meuterei die Tatbestände der §§ 103, 104 in jedem Falle einschließt und eine einschränkende gegenteilige Auslegung des § 106 nicht nur nicht begründet, sondern widersinnig erscheinen würde.

2. Dem Täter muß von einem seiner Vorgesetzten ein Befehl erteilt worden sein, der die Abwehr oder Unterdrückung des Widerstands oder der Nötigungshandlung bezweckt. Ob dieser Zweck durch die anbefohlene Handlung unmittelbar oder nur mittelbar erreicht werden soll, ist gleichgültig; nach Stenglein[1] genügt beispielsweise ein auf Herbeiholung der Hafenpolizei zum Zwecke der Unterdrückung der Meuterei gerichteter Befehl.

Nicht erforderlich ist weiterhin, daß der Befehl gerade von dem Vorgesetzten ausgeht, der selbst angegriffen ist.[2] Vielmehr wird § 106 häufig gerade in den Fällen praktisch werden, wo der nichtbedrängte Vorgesetzte dem bedrängten Hilfe bringen will.

Im Gegensatz zu § 100 braucht endlich der Befehl nicht wiederholt erteilt zu sein.[3]

3. Der Schiffsmann muß dem Befehle des Vorgesetzten den Gehorsam verweigert haben. Der Begriff der Gehorsamsverweigerung im Gegensatz zum Ungehorsam wird hier konsequenterweise ebenso aufzufassen sein, wie in den Fällen der §§ 100 und 101 (s. o. § 7 Einleitung), d. h. als ein (vorsätzlicher) Ungehorsam, verbunden mit dem ausdrücklich oder durch konkludente Handlungen kundgegebenen Willen, dem betreffenden Befehle nicht Folge zu leisten. Gehorsamsverweigerung liegt daher insbesondere dann nicht vor, wenn der Schiffsmann aus Scheu, dem Vorgesetzten offen zu widersprechen, sich den Anschein gibt, als wolle er dem Befehle nachkommen, während er

---

[1] zu § 106 Anm. 2.

[2] Meves zu § 92 Anm. 5.

[3] L. Perels zu § 106 Anm. 2; Stenglein zu § 106 Anm. 2; Meves zu § 92.

andrerseits zu furchtsam ist, den Meuterern ernstlich entgegen zu treten.

In einer dem hier vertretenen Begriffe der Gehorsamsverweigerung entgegenkommenden Weise fordert Meves[1], der im übrigen unter der Gehorsamsverweigerung lediglich den vorsätzlichen Ungehorsam versteht, daß dann, wenn die Verweigerung des Gehorsams stillschweigend durch tatsächliche Nichtbefolgung des Befehls zum Ausdruck gebracht werde, die Weigerung durch Wiederholung des Befehls zu konstatieren sei. Zum Tatbestande der Gehorsamsverweigerung gehört dies aber keinesfalls und auch Meves hat wohl schwerlich die gegenteilige Ansicht vertreten wollen, obwohl er die Konstatierung der Weigerung durch Wiederholung des Befehls unter den Requisiten des Tatbestands behandelt.[2]

4. In subjektiver Hinsicht muß der Schiffsmann wissen, daß sich der Befehl auf die Abwehr oder Unterdrückung einer der in §§ 103, 104 oder 105 bezeichneten strafbaren Handlungen bezog. Kennt er diesen Zweck nicht, so kann er nur wegen einfachen Ungehorsams (§ 96 Z. 2) eventuell nach § 100 bestraft werden. Bei Kenntnis des Zweckes kann er sich jedoch, sofern der Befehl rechtlich zulässig war und nicht etwa eine jenen Zweck überschreitende strafbare Handlung fordert, auch hier nicht darauf berufen, daß er den Befehl irrtümlich für unrechtmäßig in dem oben § 6 Z. 7 angegebenen Sinne gehalten habe. Eine ihm anbefohlene strafbare Handlung, die er als solche erkannt hat, darf der Schiffsmann aber auch zum Zwecke der Abwehr oder Unterdrückung einer Meuterei nicht ausführen ohne die Gefahr, sich dafür verantwortlich zu machen; daher muß ihn allerdings auch die irrtümliche Meinung, daß er die Ausführung des Befehls für eine strafbare Handlung gehalten habe, vor Strafe schützen.

5. Obwohl die Gehorsamsverweigerung in den Fällen des § 106 S.O. gerade deshalb mit besonderer Strafe bedroht ist, weil sie grundsätzlich eine mittelbare Unterstützung des Widerstands

---

[1] zu § 92 Anm. 5.

[2] Das verkennt Katz zu § 106 Anm. 1.

oder der Nötigung darstellt, so **setzt** der Tatbestand des § 106 doch weder voraus, daß die Ausführung jener Handlungen durch die Gehorsamsverweigerung tatsächlich gefördert worden ist, noch fordert er einen auf Unterstützung der Nötigung oder des Widerstands gerichteten Vorsatz und enthält daher nicht an sich schon Beihilfe i. S. von § 49 St.G.B.[1] Der § 106 S.O. bleibt deshalb im Gegensatz zu § 49 St.G.B. auch dann anwendbar, wenn im besonderen Falle durch die Gehorsamsverweigerung den Meuterern in keiner Weise geholfen worden ist, weil etwa die dem Schiffsmann zur Unterdrückung der Meuterei anbefohlene Handlung hierzu durchaus untauglich war, oder wenn der Schiffsmann den Gehorsam lediglich aus Feigheit verweigert.

Hat der den Gehorsam verweigernde Schiffsmann aber hierdurch gleichzeitig den Meuterern wissentlich Hilfe geleistet, so ist er wegen Beihilfe zur Meuterei zu bestrafen.

6. Zuständig für die Aburteilung der Vergehen des § 106 sind grundsätzlich die Strafkammern. Jedoch kann die Verhandlung und Entscheidung gemäß § 75 Z. 14 G.V.G. den Schöffengerichten überwiesen werden. Letzteres war nach § 92 a. S.O., wonach im gleichen Falle der Täter als Gehilfe, d. h. gemäß der Strafvorschriften in § 103 bis 105 S.O. i. V. mit §§ 49 Abs. 2, 44 St.G.B. bestraft werden sollte, in keinem Falle zulässig.

§ 12.

Die Übertretungen nach § 107.

I. Schon vor dem Inkrafttreten der gemeinen deutschen Seemannsordnung waren für Schiffsleute, die im Inlande in Schiffsdienste treten wollten, partikularrechtlich allgemein sog. Seefahrts- oder Musterbücher eingeführt, die Ausweis über allgemeine persönliche Verhältnisse des Schiffsmanns geben und die Grundlage für die gleichfalls partikularrechtlich schon ge-

---

[1] So Stenglein zu § 106 Anm. 1; Meves zu § 92; Katz zu § 106 Anm. 4. A. M. Kleinfeller zu § 92 Anm. 1.

forderten Musterungsverhandlungen bilden sollten.[1] Diese Einrichtung wurde von der deutschen Seemannsordnung übernommen, die jetzt in § 7, früher ohne wesentliche Abweichung in § 5, für ihr Geltungsgebiet (§ 1) zwingend vorschreibt, daß im Reichsgebiet niemand als Schiffsmann in Dienst treten darf, bevor er sich über Namen, Geburtsort und Alter vor einem Seemannsamt ausgewiesen und von demselben ein Seefahrtsbuch ausgefertigt erhalten hat. Neben Namen, Geburtsort und Alter sind vor der Ausfertigung des Seefahrtsbuches noch besonders die Militärverhältnisse und bei Minderjährigen die Ermächtigung des gesetzlichen Vertreters zur Übernahme von Schiffsdiensten zu erforschen; auch muß das Seefahrtsbuch nach § 11 Abs. 2 S.O. über die Invalidenversicherung des Inhabers Auskunft geben.

Erst wenn der Schiffsmann ein solches Seefahrtsbuch ausgehändigt erhalten hat, darf der Kapitän seine Anmusterung, d. i. die „zur Fixierung der gegenseitigen Rechte und Pflichten“[2] im Wege einer Verhandlung erfolgende Verlautbarung des abgeschlossenen Heuervertrags vor einem Seemannsamte, veranlassen.

Die erfolgte Anmusterung und die Zeit des Dienstantritts sind dann wieder, wenn die Anmusterung innerhalb des Reichsgebietes erfolgt ist, in dem Seefahrtsbuche zu vermerken, ein Vermerk, der zugleich als Ausgangs- und Seepaß dient (§ 16), und in entsprechender Weise ist auch die bei Beendigung des Dienstverhältnisses erforderliche Abmusterung (§ 18) von dem abmusternden Seemannsamt in dem Seefahrtsbuche zu verlautbaren (§ 22). Daneben sind u. a. noch die in §§ 9 Abs. 1 Z. 2, 15, 19 i. V. mit 20, §§ 21, 25 S.O. vorgesehenen Einträge zu beachten, ohne daß damit deren Zahl, insbesondere mit Rücksicht auf die nach § 11 vom Bundesrate zu bestimmende Einrichtung des Seefahrtsbuches, erschöpft wäre.

Um nun noch mehr, als das nach den allgemeinen Strafgesetzen möglich ist, dem Umstande entgegenzutreten, daß einmal ein Schiffsmann zu Unrecht ein Seefahrtsbuch ausgefertigt erhält

---

[1] Vgl. Motive 1872 zu §§ 5, 6.

[2] Vgl. Meves zu § 93.

und zu Unrecht an- oder abgemustert wird, zum anderen unrichtige Einträge in das Seefahrtsbuch oder die über die Musterungsverhandlung auszufertigende Musterrolle (§§ 14, 15, 22) gemacht werden, bedroht § 107 Abs. 1 Z. 1 S.O. denjenigen Schiffsmann mit Geldstrafe bis zu 60 M. oder Haft bis zu 14 Tagen, der bei Verhandlungen, die sich auf die Erteilung eines Seefahrtsbuches, auf eine Eintragung in dasselbe oder eine Musterung beziehen, wahre Tatsachen entstellt oder unterdrückt oder falsche vorspiegelt, um ein Seemannsamt zu täuschen.

Das Delikt des § 107 Abs. 1 Z. 1 setzt hiernach voraus:

1. eine Verhandlung — sc. vor einem Seemannsamt (§ 5) —, die sich auf die Erteilung eines Seefahrtsbuches, eine Eintragung in dasselbe oder eine Musterung bezieht. Nur bei, d. h. während und aus Anlaß einer solchen Verhandlung, ist die Begehung des Delikts möglich. Diese Verhandlung muß wiederum einerseits vor einem zuständigen Seemannsamte, d. i. im Falle der Erteilung eines Seefahrtsbuches nur vor einem Seemannsamt des Reichsgebiets, wenn auch nicht notwendig vor demjenigen, in dessen Bereich sich der Schiffsmann zuerst anheuern will, erfolgen, andrerseits den wesentlichen gesetzlichen Formvorschriften genügen, insbesondere, soweit sie sich auf eine Musterung bezieht, in Gegenwart des Schiffsmanns erfolgen. Im übrigen brauchen die Verhandlungen mit dem Seemannsamt nicht notwendig mündlich zu erfolgen. Verhandlungen zwischen dem Kapitän und dem Schiffsmann, die sich auf eine Musterung oder eine Eintragung ins Seefahrtsbuch beziehen, werden durch § 107 Abs. 1 Z. 1 nicht geschützt.[1]

2. Die Handlung besteht in der — wissentlichen — Entstellung oder Unterdrückung wahrer oder in der Vorspiegelung falscher Tatsachen, enthält mithin insoweit dieselben Merkmale wie der Tatbestand des Betrugs, auf den im allgemeinen Bezug genommen werden kann. Hier wie dort muß sich nach der Ansicht des Reichsgerichts die Unterdrückung, soweit sie lediglich durch Verschweigen begangen wird, auf Tat-

[1] Vgl. Meves zu § 93 Anm. 2.

sachen beziehen, die der Täter in concreto anzugeben rechtlich verpflichtet war. (Vgl. bes. §§ 7, 9, 11 S.O.) Nach Stenglein[1] müssen sich überhaupt alle drei Alternativen des § 107 Abs. 1 Z. 1 auf solche Punkte beziehen, die dem Seemannsamt angegeben werden müssen, während jede davon abgehende Lüge straflos bleibt. Stenglein folgert dies aus der

3. Absicht, das Seemannsamt zu täuschen, die der Täter in jedem Falle haben muß, während man dieselbe Folgerung m. E. mit größerem Rechte aus der notwendigen Beziehung der Verhandlung und damit der hierbei abgegebenen Erklärungen zu der Erteilung eines Seefahrtsbuches usw. ziehen kann. Obwohl diese Absicht, das Seemannsamt zu täuschen, niemals Selbstzweck sein dürfte, so ist doch gleichgültig, welche weitere Zwecke der Täter durch die Täuschung verfolgt, insbesondere ob er sich oder einem anderen dadurch einen Vermögensvorteil oder ein besseres Fortkommen verschaffen will, und es gehört daher bei der ersten Alternative des § 107 Abs. 1 Z. 1 m. E. zum Nachweise des *dolus* nicht die Feststellung, daß der Schiffsmann ein mit den wirklichen Verhältnissen nicht übereinstimmendes Seefahrtsbuch zu erhalten bestrebt war.[2] Auch auf den Erfolg der Täuschungshandlung kommt im Gegensatz zu § 263 St.G.B. nichts an.

4. Die Vorschrift des § 107 Abs. 1 Z. 1 S.O. würde eine nur geringe Bedeutung haben, wenn man, dem Wortlaute entsprechend, als Täter nur einen Schiffsmann im eigentlichen Sinne, d. h. einen bereits Angestellten i. S. von § 2 S.O., verstehen wollte; denn die Verhandlungen, die sich auf die Erteilung eines Seefahrtsbuches oder auf eine Anmusterung beziehen, haben außer in den untergeordneten Fällen der §§ 9, 13 S. 2 stets vor der Anstellung zu erfolgen, und die Erteilung eines Seefahrtsbuches wird überdies meistens sogar vor Abschluß des Heuervertrags geschehen. Mit Recht wird man daher trotz der jetzt in § 2 gegebenen Definition des Begriffes Schiffsmann auch denjenigen der Begehung des besprochenen Delikts für fähig halten

---

[1] zu § 107 Anm. 2.

[2] A. M. Katz zu § 107 Z. 1; Meves zu § 93 Anm. 4.

dürfen, der erst Schiffsmann oder Schiffsoffizier werden will[1]; umsomehr da die Pflicht, deren Verletzung hier bedroht ist, keine spezifisch durch die Anstellung und die damit erfolgende Unterordnung unter die Schiffsgewalt begründete ist. Meves, der im übrigen die gleiche Ansicht vertritt, schränkt den Kreis der nach § 107 Abs. 1 Z. 1 deliktsfähigen Personen auf die Schiffsmannsaspiranten i. e. S., die eigentliche Schiffsdienste übernehmen wollen, ein, da nur diese auf Erteilung eines Seefahrtsbuches Anspruch hätten und angemustert werden könnten. Diese Einschränkung erscheint unbegründet; denn abgesehen davon, daß die geltende Seemannsordnung die Erteilung eines Seefahrtsbuches und die Musterungen für Schiffsleute schlechthin vorschreibt, will wohl § 107 Abs. 1 Z. 1 gerade hindern, daß solchen Leuten, die keinen Anspruch auf ein Seefahrtsbuch oder auf Anmusterung haben, insbesondere zum Militär Ausgehobene oder Minderjährigen, die ohne Einwilligung ihres gesetzlichen Vertreters in Schiffsdienste treten wollen, zu Unrecht ein Seefahrtsbuch erteilt wird oder daß sie zu Unrecht angemustert werden.[1]

5. Zum Vorsatze, den die besprochene Übertretung zweifellos fordert, gehört die Kenntnis aller oben erläuterter Tatbestandsmomente. Ein Schiffsmann wird daher insbesondere dann nicht nach § 107 Abs. 1 Z. 1 bestraft werden können, wenn er einem Seemannsamt bewußt eine falsche Auskunft gibt, ohne zu wissen, daß die Beantwortung der betr. Frage für die Ausstellung eines Seefahrtsbuches von Erheblichkeit ist, es sei denn, daß er die Lüge von vornherein auch für diesen Fall gebilligt hat, ohne sich über ihre Beziehung zur Ausstellung des Seefahrtsbuches Bedenken zu machen.

6. Nach § 107 Abs. 2 S.O. wird die Vorschrift des § 271 St.G.B., wonach derjenige, welcher vorsätzlich bewirkt, daß Erklärungen, Verhandlungen oder Tatsachen, welche für Rechte oder Rechtsverhältnisse von Erheblichkeit sind, in öffentlichen Urkunden, Büchern oder Registern als abgegeben oder geschehen beurkundet werden, während sie überhaupt nicht oder in andrer Weise oder von einer Person in einer ihr nicht zustehenden

[1] Vgl. Stenglein zu § 107 Anm. 1.

Eigenschaft oder von einer anderen Person abgegeben oder geschehen sind, mit Gefängnis bis zu 6 Monaten oder mit Geldstrafe bis zu 300 M. bestraft wird, durch die Bestimmung des § 107 Abs. 1 Z. 1 S.O. nicht berührt. Die erste Frage für die Anwendbarkeit des § 271 St.G.B. im Verhältnis zu § 107 Abs. 1 Z. 1 S.O. ist dabei, ob infolge der Täuschung des Seemannsamts eine unwahre Eintragung in das Seefahrtsbuch oder die über die Musterungsverhandlung ausgefertigte Musterrolle (§ 14 S.O.) tatsächlich erfolgt ist. Erst wenn dies bejaht wird, ist das Vorhandensein der übrigen Tatbestandsmerkmale des § 271 zu prüfen.

In vielen, nicht aber in allen Fällen — denn § 271 erfordert nicht notwendig eine Täuschung — wird die Übertretung nach § 107 Abs. 1 Z. 1 S.O. einen Versuch des Vergehens nach § 271 darstellen.[1]

II. Nach § 12 S.O. hat der Kapitän dafür zu sorgen, daß jeder Schiffsmann nach Maßgabe der Vorschriften in §§ 13—26 an- und später wieder abgemustert wird. Dem Schiffsmann seinerseits liegt nach § 12 Abs. 2, ebenso wie dem Kapitän bezw. dem zum Abschluß von Heuerverträgen bevollmächtigten Vertreter des Reeders die Pflicht ob, bei der An- und Abmusterung persönlich zugegen zu sein, d. h. er hat sich zu der Zeit, wo er nach dem erklärten Willen des Kapitäns zum Zwecke der Musterung vor einem Seemannsamte erscheinen soll, dort einzufinden. Unterläßt er es, sich in dieser Weise zur Musterung zu stellen, so soll er nach § 107 Abs. 1 Z. 2 S.O. bestraft werden.

Dieses Delikt bedingt, abgesehen von der Aufforderung, zur Musterung zu kommen, soweit es sich um eine Anmusterung handelt, den Abschluß des Heuervertrags, soweit eine Abmusterung in Frage steht, die Beendigung des Dienstverhältnisses; denn vorher kann der Kapitän die An- bezw. Abmusterung nicht verlangen. Auch hier darf man aber wohl

[1] Nach L. Perels zu § 107 Anm. 5 liegt in einem solchen Falle nach den Umständen ideale oder Gesetzeskonkurrenz zwischen der Übertretung nach § 107 Abs. 1 Z. 1 S.O. und dem Versuch des Vergehens nach § 271 St.G.B. vor.

ebenso wie bei § 107 Z. 1 nicht fordern, daß der Täter bereits bezw. noch angestellt, d. h. ein eigentlicher Schiffsmann i. S. von § 2 Abs. 3 sein müsse.

Vollendet ist das Delikt nach Stenglein, wenn der Schiffsmann bis zum Schlusse der Musterungsverhandlung nicht erscheint; ein bloßes Zuspätkommen genügt nicht.

Wie in der Litteratur durchweg anerkannt ist, reicht zur Strafbarkeit Fahrlässigkeit aus. Der Schiffsmann ist daher nicht nur dann strafbar, wenn er die Pflicht, sich zur Musterung zu stellen, absichtlich außer acht gelassen hat, sondern auch dann, wenn er die auf die Erfüllung dieser Pflicht zu verwendende Sorgfalt vernachlässigt hat. Das Maß dieser Sorgfalt wird, da es sich um eine den Schiffsleuten ausdrücklich durch das Gesetz auferlegte Pflicht handelt, ziemlich hoch zu bemessen sein. Unbegründet erscheint jedoch die Meinung, daß der Schiffsmann nur dann straffrei bleibe, wenn er nachweisen könne, daß er durch ein unabwendbares Hindernis verhindert worden sei, zur Musterung zu kommen; vielmehr kann er sich auch auf andere Weise genügend entschuldigen.[1] [2]

Unterläßt es der Schiffsmann zu einer Zeit, wo er bereits zum Dienstantritt verpflichtet ist, sich zur Anmusterung zu stellen, in der Absicht, den Dienst überhaupt nicht anzutreten und hält er sich zu diesem Zwecke überdies verborgen, so ist er nach § 93 S.O. zu bestrafen.[3]

III. Ebenso wie der Schiffsmann durch den Abschluß des Heuervertrags verpflichtet wird, sich zur Anmusterung zu stellen, hat er nach und infolge der Anmusterung im Zweifel den Dienst sofort anzutreten; für den Fall aber, daß er hierzu durch ein unabwendbares Hindernis außer Stand gesetzt wird, hat er sich hierüber sobald wie möglich gegen den Kapitän oder das Seemannsamt, vor welchem die Anmusterung erfolgt ist, auszuweisen. Unterläßt er dies in

---

[1] Vgl. Meves cit., Katz cit. und Perels, Handbuch § 27, die übrigens sämtlich bei Besprechung des Delikts nur die Anmusterung im Auge haben.

[2] Vgl. Stenglein zu § 107 Anm. 4.

[3] Vgl. hierzu bes. Meves zu §§ 81—83 Anm. 3 A.

der vorgeschriebenen Weise dem Seemannsamte gegenüber zu tun, so trifft ihn die Strafe des § 107 Abs. 1 Z. 3 S.O.

Der Zweck dieser Vorschrift erscheint einmal der zu sein, den Behörden auch in den Fällen, wo eine Abmusterung nicht stattfindet, die Kontrolle über Veränderungen im Bestande der in der Musterrolle aufgeführten Mannschaft zu gewähren, andrerseits aber den Schiffsleuten, die einen Kontraktbruch im Schilde führen, den Einwand, daß sie zum Antritte des Dienstes schlechterdings nicht imstande gewesen seien, nach Möglichkeit abzuschneiden.

Im einzelnen ist zur Erläuterung des § 107 Z. 3 folgendes hervorzuheben:

1. Nur der gemäß § 16, d. h. nur der so bald wie möglich erbrachte Ausweis schützt den Schiffsmann vor Strafe. Zum Ausweise selbst aber genügt nicht die bloße Anzeige des Hindernisses; sondern der Schiffsmann muß irgendwie glaubhaft nachweisen, daß und warum er am Dienstantritt verhindert war. Daher muß ein gefälschter Ausweis, der jeder materiellen Beweiskraft entbehrt, als nicht geliefert gelten.[1] Im übrigen kann aber nach Stenglein die Beibringung eines ungenügenden Ausweises als Unterlassung nur bestraft werden, wenn der Ausweis schuldhaft ungenügend ist, während er in jedem Falle den Anlaß zur Nachlieferung eines genügenden Nachweises in einer nunmehr vielleicht ausdrücklich bestimmten Form bieten kann.

2. Nach § 107 Z. 3 wird schlechthin der Schiffsmann bestraft, der im Falle eines dem Dienstantritt entgegenstehenden Hindernisses den erforderlichen Ausweis nicht gehörig beibringt, während nach dem Wortlaute des § 17 sich nur der Seemann (Schiffsmann) gegenüber dem Seemannsamte auszuweisen hat, der infolge eines unabwendbaren Hindernisses den Dienst nicht anzutreten vermag. Aus dem hervorgehobenen Wortlaute des § 17 darf man jedoch nicht schließen, daß bei einem abwendbaren Hindernisse die Pflicht zum Ausweise in jedem Falle entfiele; vielmehr ist der Sinn der Ausdrucksweise des § 17

---

[1] Stenglein zu § 107 Anm. 4.

wohl nur der, daß der Schiffsmann bei einem abwendbaren Hindernisse in erster Linie dieses abzuwenden und danach, sofern dies noch möglich ist, den Dienst anzutreten und nur wenn der Dienstantritt — etwa infolge der Abfahrt des Schiffes oder des Rücktritts des Kapitäns vom Heuervertrage (§ 32 Abs. 2) — unmöglich geworden ist, sich über den Nichtantritt des Dienstes auszuweisen hat.

3. Zu beachten ist endlich, daß der *ratio legis* entsprechend nur dem angemusterten Schiffsmann die Pflicht zum Ausweise obliegt, obwohl die Pflicht zum Dienstantritt nicht immer durch die Anmusterung bedingt ist. Daraus folgt, daß der Schiffsmann, der — sei es mit oder ohne Entschuldigung — sich noch nicht gemäß § 12 zur Anmusterung gestellt hat und auch nicht nachträglich angemustert worden ist, nicht nach § 107 Z. 3 bestraft werden kann. Unverständlich ist mir jedoch die Meinung von Meves, daß die Bestimmung des § 107 Z. 3 nur dann Platz greife, wenn aus Z. 2 nicht gestraft werden könne, weil die Nichtgestellung zur Musterung genügend, d. h. nach Meves mit einem unabwendbaren Hindernis, entschuldigt sei. —

Die beiden im folgenden zu besprechenden Strafbestimmungen der §§ 107 Abs. 1 Z. 4 und Z. 5 sind erst durch die geltende Seemannsordnung aufgestellt worden. Von ihnen ist die erstere in der gleichfalls durchaus neuen Bestimmung des § 99 S.O. begründet, während die letztere nur die bisher fehlende Strafdrohung für die Übertretung einer bereits nach der alten Seemannsordnung bestehenden Norm enthält.

IV. In § 99 S.O. wird dem Kapitän die bedingungslose Pflicht auferlegt, gewisse bei ihm vorgebrachte Beschwerden der Schiffsleute mit genauer Angabe des Sachverhalts im Schiffstagebuche einzutragen und überdies dem Beschwerdeführer auf Verlangen eine Abschrift der Eintragungen auszuhändigen; bei Unterlassung der Eintragung aber soll der Kapitän nach § 114 Z. 12 mit Geldstrafe bis zu 150 Mark oder mit Haft bestraft werden.

Hiernach ist die Auslösung weitgehender Pflichten des Kapitäns an sich durchaus in das Belieben der Schiffsleute gestellt, da der Kapitän nach § 99 insbesondere auch solche Beschwerden der Schiffsleute beurkunden muß, die offenbar unbegründet sind. Diesem Übelstande sucht § 107 Abs. 1 Z. 4 wenigstens insoweit entgegenzutreten, als er zwar nicht das Vorbringen leichtfertiger, wohl aber der wissentlich („wider besseres Wissen") auf unwahre Behauptungen gestützten Beschwerden unter Strafe stellt.

Gleichgültig ist dabei, ob die Beschwerde den Eintrag ins Schiffstagebuch zur Folge gehabt hat oder nicht; ja es kann wohl auch nichts darauf ankommen, ob der Schiffsmann die Eintragung beabsichtigte, da auch die Pflicht des Kapitäns zur Eintragung nicht durch eine hierauf gerichtete Aufforderung des Schiffsmanns bedingt ist. Allerdings muß aber das Vorbringen des Schiffsmanns den Charakter einer Beschwerde haben, und hierzu genügt nicht jeder bloße Hinweis auf einen der in § 99 bezeichneten Mängel.

V. Im Anschluß an Art. 537 des alten H.G.B. bestimmte bereits § 105 a. S.O., daß der Schiffsmann den Kapitän — außer zum Zwecke der Geltendmachung von Heuervertragsforderungen bei einem Zwangsverkaufe des Schiffes — vor einem ausländischen („fremden") Gerichte nicht belangen darf, widrigenfalls er nicht nur für den daraus entstehenden Schaden verantwortlich, sondern auch der bis dahin verdienten Heuer verlustig sein solle. Jedoch wurde dem Schiffsmann für die Fälle, welche keinen Aufschub leiden, mit anderen Worten wenn Gefahr im Verzuge ist, die Möglichkeit gegeben, die vorläufige Entscheidung des Seemannsamtes nachzusuchen, wozu ihm der Kapitän bei Strafe (§ 99 Z. 6 a. S.O., jetzt § 114 Z. 14) Gelegenheit lassen mußte, es sei denn, daß dringende Gründe die Versagung der Erlaubnis rechtfertigten. Die Entscheidung des Seemannsamts wiederum war jeder Teil einstweilen zu befolgen verpflichtet vorbehaltlich der Befugnis, seine Rechte „vor der zuständigen Behörde" geltend zu machen.

Den Grund für diese Bestimmungen dürfte man einerseits in Rücksichten auf die Disziplin, andrerseits in dem die ganze Seemannsordnung durchziehenden Bestreben zu suchen haben, jeden nicht unbedingt erforderlichen Aufenthalt des Schiffes — insbesondere während der Reise — zu vermeiden.

In § 129 der geltenden Seemannsordnung sind die Vorschriften des § 105 a. S.O. einmal dahin erläutert worden, daß ausdrücklich sowohl das strafrechtliche wie das zivilrechtliche „Belangen" des Kapitäns verboten wurde; zum andern wurde dieses Verbot auf die Fälle eingeschränkt, wo für den Kapitän ein Gerichtsstand irgend welcher Art im Inlande (§ 6 Abs. 1) nicht begründet ist, und endlich wurde ausdrücklich auch dem Kapitän unter denselben Voraussetzungen wie dem Schiffsmann die Befugnis zugesprochen, die vorläufige Entscheidung des Seemannsamts nachzusuchen.[1]

Die Durchführung der Vorschrift aber, daß jeder Teil die ergangene Entscheidung des Seemannsamts einstweilen zu befolgen hat, suchen jetzt § 114 Z. 15 und § 107 Z. 5 zu sichern, indem sie den Kapitän bezw. den Schiffsmann, welche der vorläufigen Entscheidung zuwiderhandeln, mit einer — merkwürdigerweise übrigens ungleichen — Strafe bedrohen.

Der § 107 Z. 5 S.O., welcher die geringere Strafdrohung für die Schiffsleute enthält, erfordert hiernach:

1. Eine gemäß § 129 Abs. 2 ergangene vorläufige Entscheidung eines Seemannsamts, wobei gleichgültig ist, ob der Schiffsmann oder der Kapitän diese Entscheidung nachgesucht hat. Jedenfalls muß aber dem Schiffsmann durch diese Entscheidung die Pflicht zu einem Tun oder Unterlassen auferlegt worden sein; er kann daher niemals nach § 107 Z. 5 bestraft werden, wenn er etwa die Durchführung einer Entscheidung vereitelt, die nur im Verhältnisse zwischen dem Kapitän und einem anderen Schiffsmann ergangen ist; denn diese Entscheidungen wirken nur inter partes.[2]

Auf die materielle Anfechtbarkeit der Entscheidung kann natürlicherweise nichts ankommen, da sie ihrem Wesen nach ein Akt provisorischer Rechtsprechung ist; jedoch muß die Entscheidung wohl innerhalb der Zuständigkeit des See-

---

[1] So schon früher Perels, Handbuch S. 197 und R.O.H.G. vom 17. Februar 1874 (Bd. 12 S. 419).

[2] Vgl. § 129 Abs. 3: jeder Teil hat die Entscheidung zu befolgen; ferner R.O.H.G. vom 17. Februar 1874 Bd. 12 S. 419 ff., vom 14. Dezember 1871 Bd. 4 S. 288 ff.

mannsamts ergangen sein und darf auch an keinem wesentlichen Formmangel leiden. Daher fallen z. B. diejenigen vorläufigen Entscheidungen nicht unter § 107 Z. 5, die etwa ex officio vom Seemannsamt erlassen worden sind.

Zweifelhaft erscheint, ob die Verbindlichkeit der Entscheidung auch davon abhängt, daß ein Fall vorlag, der keinen Aufschub duldete. Diese Frage wird jedenfalls dann zu verneinen sein, wenn man annimmt, daß das Seemannsamt die Dringlichkeit des ihm zur Entscheidung vorgetragenen Falles nicht zu prüfen hat bezw. daß die Dringlichkeit keine Voraussetzung für die sachliche Zuständigkeit des Seemannsamts ist.

2. Die Zuwiderhandlung des Schiffsmanns gegen die Entscheidung kann in einem Handeln oder in einem Unterlassen bestehen, je nachdem ihm durch die Entscheidung etwas verboten oder geboten wird. Zur Strafbarkeit dürfte man Vorsatz zu fordern haben.

VI. Alle in § 107 S.O. bedrohten Handlungen sind Übertretungen. Das Strafmaß beträgt in jedem Falle Geldstrafe bis zu 60 Mark oder Haft bis zu 14 Tagen, und die Untersuchung und Entscheidung erfolgt nach § 122 in erster Linie durch das Seemannsamt. Zu beachten ist hierbei, daß auch in den Fällen des § 107 Z. 4 und 5 die Strafverfolgung niemals durch einen Strafantrag oder durch die Eintragung des Kapitäns in das Schiffstagebuch bedingt ist (§ 98), obwohl insoweit derartige Vorschriften im Anschluß an § 96 sehr nahe lagen.

§ 13.

Der Mißbrauch des Beschwerderechts aus § 58 S.O.

Während nach der Gesetzgebung anderer Kulturstaaten, insbesondere in England, die Seetüchtigkeit, Einrichtung und Ausrüstung aller Seeschiffe fortdauernd von amtswegen einer gewissen staatlichen Überwachung unterzogen werden,[1] liegt bei uns die Verantwortung für die Seetüchtigkeit, gehörige Ein-

---

[1] Vgl. Boyens I S. 455 ff.; Perels, Handbuch S. 73 ff.

richtung und Ausrüstung, gehörige Bemannung und Verproviantierung, Tüchtigkeit der Gerätschaften zum Laden und Löschen, die gehörige Stauung und die Sorge dafür, daß das Schiff einerseits nicht überladen, andrerseits mit dem nötigen Ballast und der nötigen Garnierung versehen ist, grundsätzlich dem Schiffer ob (§§ 513, 514 H.G.B. i. V. mit §§ 323, 326 St.G.B.), ohne daß die Erfüllung dieser Pflichten vorsorglich vom Staate kontrolliert wird. Dabei schreibt der Staat allerdings in vieler Hinsicht das Maß und die Art vor, wie allein der Schiffer jenen Verpflichtungen „gehörig" genügt. So wird der Schiffer von seiner Haftung infolge einer Überladung des Schiffes nur dann befreit sein, wenn er die durch vorschriftsmäßige staatliche Vermessung des Schiffes ermittelte Ladungsfähigkeit beachtet hat,[1] und gegen den Vorwurf einer nicht gehörigen Bemannung wird er sich nur dann schützen können, wenn er die Bekanntmachung, betr. die Besetzung der Kauffahrteischiffe mit Kapitänen und Schiffsoffizieren, vom 16. Juni 1903 (R.G.Bl. S. 247)[2] nachgegangen ist.

Von amtswegen findet dagegen nur bei Auswandererschiffen eine fortlaufende staatliche Untersuchung der Seetüchtigkeit (Einrichtung, Ausrüstung, Proviant, Sicherheit, Rettungsmittel) statt.[3]

Daneben tritt im gesamten Geltungsbereiche der Seemannsordnung für jedes Seemannsamt die Pflicht, schleunigst eine Untersuchung des Schiffes oder der Vorräte zu veranlassen, dann ein, wenn ein Schiffsoffizier oder mindestens drei Schiffsleute bei dem Seemannsamt Beschwerde darüber erheben, daß das Schiff, für welches sie angemustert sind, nicht seetüchtig sei oder daß die Vorräte, welche das Schiff für den Bedarf der Mannschaft an Speisen und Getränken mit sich führt, ungenügend oder verdorben seien (§ 58 S.O.). Die Untersuchung

---

[1] Vgl. die Schiffsvermessungsordnung vom 20. Juni 1888 in der Fassung der Bekanntmachung, betr. Abänderung der Schiffsvermessungsordnung vom 1. März 1895 (R.G.Bl. S. 135), bes. §§ 2, 30, 32, 35.

[2] Vgl. bes. § 10 das.

[3] Vgl. die Bekanntmachung, betr. Vorschriften über Auswandererschiffe, vom 14. März 1898 (R.G.Bl. S. 57 ff.), bes. §§ 2, 6, 27, 57 ff.

hat in einem solchen Falle nach einem Zusatze der neuen Seemannsordnung unter Hinzuziehung von erreichbaren Sachverständigen und der ortsanwesenden Beschwerdeführer zu erfolgen, und ihr Ergebnis ist vom Seemannsamt in das Schiffstagebuch einzutragen; auch hat das Seemannsamt, wenn sich die Beschwerde als begründet erweist, für die geeignete Abhilfe besorgt zu sein.

Hiernach wird — ebenso wie nach § 99 für den Kapitän (s. o. § 12 Z. IV) — für jedes Seemannsamt zunächst bedingungslos eine weitgehende Pflicht, deren Erfüllung wiederum die rechtzeitige Ausführung der Reise erheblich verzögern kann, ausschließlich dadurch ausgelöst, daß es Mitgliedern der Schiffsmannschaft beliebt, eine — möglicherweise vollkommen aus der Luft gegriffene — Beschwerde vorzubringen. Dem Mißbrauch dieses Beschwerderechts, gegen den auch die geltende Seemannsordnung irgendwelche Präventivmaßregeln, wie etwa die Notwendigkeit einer vorherigen Glaubhaftmachung der Beschwerde, nicht bietet,[1] suchte schon bei Beratung der alten Seemannsordnung ein Beschluß der (9.) Reichstagskommission durch Einschaltung einer Strafvorschrift (§ 95) in den Regierungsentwurf entgegenzutreten, wonach der Schiffsmann, welcher durch eine wider besseres Wissen oder „leichtsinnigerweise“ vorgebrachte unbegründete Beschwerde bei einem Seemannsamte eine Untersuchung veranlaßte, mit Geldstrafe bis zu 100 Talern oder Gefängnis bis zu 3 Monaten bestraft werden sollte. Diese Bestimmung wurde dann in der Fassung eines hierzu gestellten Abänderungsantrags[2] als § 94 a. S.O. zum Gesetz und lautete dort:

> Wer wider besseres Wissen eine auf unwahre Behauptungen gestützte Beschwerde über Seeuntüchtigkeit des Schiffes oder Mangelhaftigkeit des Proviants bei einem Seemannsamte vorbringt

---

[1] S. jedoch die Allgemeine Dienstinstruktion für die Konsuln des Deutschen Reichs vom 6. Juni 1871 zu § 37 des Gesetzes, betr. die Organisation der Bundeskonsulate usw., vom 8. November 1867 (B.G.Bl. S. 137 ff.) und PERELS, Handbuch S. 73 ff.

[2] Von Dr. BANKS u. Gen., Abänderungsantrag zu den Kommissionsbeschlüssen, betr. den Entwurf einer Seemannsordnung, vom 17. Juni 1872, Anlage zu den Reichstagsverhandlungen 1872 Nr. 195.

und auf Grund dieser Behauptungen eine Untersuchung veranlaßt, wird mit Gefängnis bis zu 3 Monaten bestraft.

Wer leichtfertig eine auf unwahre Behauptungen gestützte Beschwerde über Seeuntüchtigkeit des Schiffes oder Mangelhaftigkeit des Proviants bei einem Seemannsamte vorbringt und auf Grund dieser Behauptung eine Untersuchung veranlaßt, wird mit Geldstrafe bis zu 100 Talern bestraft.

Die geltende Seemannsordnung — § 108 — endlich ermäßigte die Strafdrohungen und ersetzte in beiden Absätzen die Worte „auf Grund dieser Behauptung" durch das Wort „hierdurch", während sie im übrigen die Bestimmung unverändert läßt.

Der Tatbestand des § 108 Abs. 1 wie der des Abs. 2 erfordert hiernach:

1. Daß von einem Seemannsamte eine Untersuchung des Schiffes oder der Vorräte desselben ins Werk gesetzt worden ist, um die Seetüchtigkeit oder die Verproviantierung des Schiffes zu prüfen. Welche Maßregeln zu diesem Zwecke ergriffen worden sind und ob die Untersuchung den Vorschriften des § 58 Abs. 1 S.O. gemäß, d. h. mit möglichster Beschleunigung unter Hinzuziehung erreichbarer Sachverständiger usw. vorgenommen wird, ist gleichgültig, da jene Vorschriften des § 58 nur Ordnungsvorschriften sind, deren Befolgung oder Nichtbeachtung an sich der betreffenden Handlung oder Anordnung des Seemannsamts den Charakter einer „Untersuchung" weder zu verleihen noch zu entziehen vermögen. Wohl aber muß eine Maßregel ergriffen worden sein, die den Entschluß des Seemannsamts bekundet, eine Untersuchung der erwähnten Art einzuleiten.[1] Hierzu genügt wiederum nicht ein bloßes Verhör des Beschwerdeführers, welches nur die Legitimation desselben zu prüfen oder die Anzeige — insbesondere durch Erforschung der Beweismittel — zu vervoll-

[1] Stenglein zu § 108 Anm. 2; Katz zu § 108 Anm. 3.

ständigen bestimmt ist.[1] Andrerseits ist nicht nötig, daß die Untersuchung zum Abschluß gekommen und noch weniger, daß das Ergebnis der Untersuchung im Schiffstagebuche eingetragen worden ist.[2]

2. Die Beschwerde muß wiederum entweder von einem Schiffsoffizier oder von 3 Schiffsleuten[3] ausgegangen sein, wie einerseits durch die Bezugnahme des § 108 auf § 58,[4] andrerseits daraus hervorgeht, daß die Seemannsämter, abgesehen von der erwähnten offiziellen Untersuchung bei Auswandererschiffen, nur auf Grund einer gemäß § 58 vorgebrachten Beschwerde zu einer Untersuchung des Schiffes oder der Vorräte verpflichtet und berechtigt, die Folgen einer hiernach unbefugten amtlichen Untersuchung aber nur dem betreffenden Beamten zuzurechnen sind. Insbesondere darf aus dem von den vorausgehenden Strafbestimmungen abweichenden Gebrauch des Wortes „wer“ in § 108 nicht geschlossen werden, daß auch andere Personen als Schiffsleute, sc. des betroffenen Schiffes[5], Täter sein könnten.

Die Schiffsleute und Schiffsoffiziere müssen jedoch nach dem Wortlaute des § 58 anders als bei den meisten übrigen Strafvorschriften bereits angemustert sein, was sich wohl daraus erklärt, daß nur die angemusterten Schiffsleute nach § 33 der Möglichkeit ausgesetzt sind, wider ihren Willen zwangsweise auf das ihr Leben und ihre Gesundheit gefährdende Schiff gebracht zu werden.

Die Strafbarkeit wird aber natürlich nicht dadurch ausgeschlossen, daß für das Seemannsamt neben der Beschwerde

---

[1] Vgl. die Allgemeine Dienstinstruktion für die Konsuln des Deutschen Reichs vom 6. Juni 1871 zu § 37 des Gesetzes betr. die Organisation usw.

[2] Unklar erscheinen insoweit die Ausführungen von Meves zu § 94 Anm. 3, der einmal ausführt: die Eintragung müsse erfolgt und die stattgehabte Untersuchung müsse durch sie konstatiert sein, und kurz danach erklärt: nicht die Tatsache der Eintragung, sondern die der Untersuchung sei Bedingung des Paragraphen.

[3] Meves zu § 94 Anm. 1, jetzt auch Stenglein zu § 108 Anm. 3.

[4] Diese Bezugnahme fehlte in § 94 a. S.O.

[5] Vgl. die Fassung: Beschwerde über Seeuntüchtigkeit des Schiffes, Untersuchung des Schiffes und Stenglein zu § 108 Anm. 1.

des Schiffsmanns noch andere Beweggründe für die Untersuchung vorlagen, sofern nur das Seemannsamt nicht auch ohne jene Beschwerde — vgl. den Fall der Auswandererschiffe — zur Untersuchung entschlossen war.[1]

3. Die Beschwerde muß in beiden Fällen des § 108 auf unwahre Behauptungen gestützt sein. Das heißt zunächst nur: Die von dem Schiffsoffizier oder den Schiffsleuten zur Begründung der Beschwerde vorgebrachten Behauptungen müssen mit den tatsächlichen Verhältnissen in Widerspruch stehen. Dabei wird man auch eine teilweise Unrichtigkeit für genügend erachten dürfen, es sei denn, daß die Untersuchung auch ohne diesen Teil der Behauptungen eingeleitet worden wäre.[2]

Natürlicherweise hat im Strafverfahren nicht der Schiffsoffizier oder Schiffsmann die objektive Wahrheit seiner Behauptung zu beweisen, sondern es muß ihm nachgewiesen werden, daß seine Behauptungen unrichtig waren. Für diesen Beweis kann wiederum der Eintrag im Schiffstagebuche über das Ergebnis der Untersuchung nicht präjudiziell sein, da er nichts weiter beweist, als daß das betreffende Seemannsamt eine Untersuchung vorgenommen hat und dabei seinerseits zu dem oder jenem Ergebnis gelangt ist.[3]

Je nachdem die unwahren Behauptungen, auf welche die Beschwerde gestützt ist, wider besseres Wissen oder nur leichtfertig aufgestellt sind, soll die Tat entweder wahlweise mit Gefängnis bis zu 3 Monaten oder Geldstrafe bis zu 300 M. oder nur mit Geldstrafe bis zu 100 M. bestraft werden. Im Falle der Uneinbringlichkeit der Geldstrafe tritt an deren Stelle im

---

[1] Vgl. bes. Katz zu § 108 Anm. 3, der übrigens dort, ebenso wie früher Stenglein, die Meinung vertritt, daß auch die erfolgreiche Beschwerde eines Schiffsmanns genüge, bei der Begründung dieser Ansicht aber offenbar übersieht, daß § 108 S.O. jetzt ausdrücklich auf § 58 Bezug nimmt.

[2] So Stenglein zu § 108 Anm. 2, jedoch ohne die ausdrückliche Einschränkung.

[3] Vgl. hierzu Meves zu § 94 Anm. 2, der jedoch dort ungenau von einem Gegenbeweise spricht, der dem Beschuldigten gegen die Richtigkeit der Eintragung offenstehen soll.

ersten Falle notwendigerweise Gefängnis (§ 28 St.G.B.), im zweiten Falle Haft.[1]

Der Sinn des dem gemeinen Strafgesetzbuche fremden Wortes „leichtfertig“, das im ersten Entwurfe der Strafvorschrift (s. o.) durch die Worte „leichtsinniger Weise“ ersetzt war, wird in der Litteratur verschieden ausgelegt. Nach Meves (zu § 94 Anm. 5), der sich ausführlich darüber verbreitet, ist die Beschwerde dann leichtfertig vorgebracht, wenn der Schiffsmann die unrichtige Behauptung aufstellt, ohne sie vorher zu prüfen, und der Grad der Leichtfertigkeit soll ein größerer oder geringerer sein, je nachdem der Schiffsmann in subjektiver oder objektiver Beziehung in der Lage war, sich die Überzeugung von der Unrichtigkeit der Behauptung leichter oder schwerer zu verschaffen. Dabei soll der Begriff der Leichtfertigkeit dem der Fahrlässigkeit zwar sehr nahe stehen, nicht aber mit ihm gleichwertig sein.[2] Nach Stenglein (zu § 108 Anm. 4) liegt eine leichtfertige Beschwerde dann vor, wenn die Behauptungen „nicht erweislich wahr und ohne genügende Anhaltepunkte, also fahrlässig“ vorgebracht sind, während der Schiffsmann nach Katz (zu § 108) gegen den Vorwurf der Leichtfertigkeit nur dann geschützt ist, wenn er sich vorher bemüht hat, über die Wahrheit der von ihm vorgetragenen Behauptungen sorgfältige Ermittelungen anzustellen; zum wenigsten aber müsse er seinerseits von der Wahrheit der Behauptungen überzeugt gewesen sein.

Die Meinung von Meves ist m. E. die zutreffendste; überdies wird man bei der Beurteilung der Leichtfertigkeit auch noch die Form zu beachten haben, d. h. ob die „Behauptungen“ mit Bestimmtheit vorgebracht sind oder nur die Äußerung eines mehr oder weniger starken Verdachts enthalten.

5. Im übrigen fordern beide Fälle des § 108 wohl nicht die Absicht, d. h. den zweckbewußten Willen des Beschwerdeführers, eine Untersuchung herbeizuführen, sondern es genügt das Bewußtsein, daß die Beschwerde geeignet ist, den Anstoß zu der Untersuchung zu geben. Zur Strafbarkeit nach

[1] Früher gem. § 28 Abs. 1, 2 St.G.B. Gefängnis oder Haft, da Vergehen (Geldstrafe bis 300 Mark).

[2] s. auch F. Perels zu § 108 Anm. 4.

§ 108 Abs. 1 endlich gehört das Bewußtsein, daß die Behauptungen unwahr sind, und insoweit ist *dolus eventualis* ungenügend.[1]

6. Wenn oben unter 2 ausgeführt ist, daß nur eine Beschwerde von wenigstens 3 Schiffsleuten geeignet ist, i. S. von § 108 eine Untersuchung durch das Seemannsamt zu veranlassen, so darf daraus nicht geschlossen werden, daß die Delikte des § 108 nur von einem Schiffsoffizier oder von 3 Schiffsleuten gemeinschaftlich begangen werden können. Vielmehr ist jeder der beschwerdeführenden Schiffsleute unabhängig von den übrigen nur nach Maßgabe seines Verschuldens strafbar, so daß der eine vielleicht nach § 108 Abs. 1, der andere nach Abs. 2 bestraft wird, während der dritte, der zwar die Untersuchung durch seine Beteiligung an der Beschwerde mit veranlaßt, seinerseits die von ihm vorgebrachten Behauptungen aber pflichtgemäß geprüft hat, straflos bleibt.[2]

7. Nach § 112 S.O. macht sich der Kapitän, welcher die gehörige Verproviantierung des Schiffes vorsätzlich unterläßt, einer strafbaren Handlung schuldig. Daher kann die gemäß § 108 Abs. 1 wider bessers Wissen auf unwahre Behauptungen gestützte Beschwerde über Mangelhaftigkeit des Proviants den Tatbestand der falschen Anschuldigung i. S. von § 164 St.G.B. erfüllen, ohne daß man jedoch der Meinung von Katz (zu § 108 Anm. 2) beipflichten darf, daß jede wider besseres Wissen über eine mangelhafte Verproviantierung erhobene Beschwerde zugleich eine falsche Anschuldigung enthalte; denn einmal liegt nicht in jeder Beschwerde über ungenügende Verproviantierung der Vorwurf gegen den Kapitän, daß er die gehörige Verproviantierung vorsätzlich unterlassen habe, und zum anderen erfordert die falsche Anschuldigung nach der Ansicht des Reichsgerichts[3] das Bewußtsein des Täters, daß seine Anzeige die Einleitung eines Strafverfahrens gegen den Angeschuldigten zur Folge haben werde oder doch haben könne.

---

[1] R.G.St. Bd. 18 S. 88, Bd. 32 S. 302.

[2] Vgl. hierzu Meves zu § 94 Anm. 1.

[3] R.G.St. Bd. 8 S. 162.

Liegen im Einzelfalle die sämtlichen Tatbestandsmerkmale des § 164 St.G.B. vor, so kann gemäß § 73 St.G.B. auch in den Fällen nur nach § 164 St.G.B. bestraft werden, wo sich die Beschwerde nicht nur als falsche Anschuldigung darstellt, sondern überdies auch eine Untersuchung des Proviants zur Folge gehabt hat, während im übrigen der Tatbestand des § 164 allein auch dann erfüllt sein kann, wenn eine Untersuchung des Proviants nicht eingeleitet oder wenn die Beschwerde von einem Nichtschiffsmann oder nur von einem Schiffsmann erhoben worden ist.[1]

8. Zuständig für das Strafverfahren sind in beiden Fällen des § 108 die Schöffengerichte.

§ 14.

Die Beschädigung von Schiffsteilen und Schiffszubehör.

Einem Zusatze der neuen Seemannsordnung verdankt § 109 S.O. seine Entstehung, wonach ein Schiffsmann, der vorsätzlich und rechtswidrig Teile des Schiffskörpers, der Maschine, der Takelung oder Ausrüstungsgegenstände oder Vorrichtungen, welche zur Rettung von Menschenleben dienen, zerstört oder beschädigt, mit Geldstrafe bis zu 1000 M. oder Gefängnis bis zu 2 Jahren bestraft wird.[2]

Das Delikt enthält hiernach die gleichen Strafdrohungen wie die einfache Sachbeschädigung des § 303 St.G.B. Hier wie dort ist überdies auch der Versuch für strafbar erklärt, während andrerseits die Verfolgung nur auf Antrag stattfindet (§ 109 Abs. 2 und 3 S.O.), und auch das Wesen beider Delikte, die vorsätzliche und rechtswidrige Beschädigung einer Sache, gleicht sich vollkommen, so daß insoweit bei der Erläuterung des § 109 S.O. auf § 303 St.G.B. Bezug genommen werden kann.

---

[1] Vgl. hierzu F. Perels zu § 108 Anm. 1; Meves zu § 94 vor Anm. 1; Stenglein zu § 108 Anm. 1. Letzterer scheint in der Bestimmung des § 108 Abs. 1 S.O. im Verhältnis zu § 164 St.G.B. eine *lex specialis* zu sehen.

[2] Verwandt mit dem Delikt ist die „Beschädigung eines Dienstgegenstandes" i. S. von § 137 M.St.G.B.

Besonderheiten bietet der Tatbestand des § 109 nur folgende:

1. Täter kann nur ein Schiffsmann,

2. Objekt der Tat können nur Teile des Schiffskörpers oder dessen Zubehör sein, und auch diese Sachen wiederum nur dann, wenn sie zu dem Schiffe gehören, auf welchem der Täter angestellt ist. Dagegen dürfte es ebenso wie in § 304 St.G.B. gleichgültig sein, wer der Eigentümer dieser Sachen ist, so daß sich auch der Schiffsmann strafbar macht, der etwa seinen eigenen, dem Schiffe geliehenen Rettungsgegenstand zerstört. Dies rechtfertigt sich daraus, daß es sich durchweg um Gegenstände handelt, die dem Nutzen einer größeren Anzahl von Personen zu dienen bestimmt sind.

3. Als antragsberechtigt wird man neben dem Eigentümer, der meistens, wenn auch nicht notwendig, mit dem Reeder identisch sein wird, vielleicht auch den Kapitän als Dienstvorgesetzten ansehen können; hierfür spricht auch, daß letzterer nach §§ 513, 512 Abs. 2 HGB. selbständig dafür verantwortlich ist, daß das Schiff vor Antritt der Reise seetüchtig, gehörig eingerichtet und gehörig ausgerüstet ist.

4. Ist die verübte Sachbeschädigung derart, daß sie als eine vollkommene oder teilweise Zerstörung des — fremden — Schiffes angesehen werden kann, so findet ausschließlich § 305 St.G.B. Anwendung, wobei es eines Strafantrags nicht bedarf.[1] Natürlicherweise haben § 303 und eventuell § 305 St.G.B. ausschließlich auch dann Geltung, wenn eine Sachbeschädigung der in § 109 S.O. erwähnten Art von einem Reisenden oder sonstigen Nichtschiffsmann verübt wird.

5. Die Verhandlung und Entscheidung steht nach § 73 Z. 1 G.V.G. den Strafkammern zu, ohne daß analog von § 75 Z. 12 G.V.G. eine Überweisung an die Schöffengerichte vorgesehen wäre.

Hiermit ist die Reihe der spezifisch für Schiffsleute und Schiffsoffiziere geltenden Strafvorschriften der Seemannsordnung erschöpft, und es mag nur noch die gleichfalls erst durch die geltende Seemannsordnung geschaffene Strafvorschrift in § 115

---

[1] Katz zu § 109.

erwähnt werden, wonach sowohl ein Kapitän wie ein Schiffsmann, der sich vor dem Seemannsamte ungebührlich benimmt, durch Strafbescheid des Seemannsamts (§ 122) mit Geldstrafe bis zu 10 Mark oder mit einem Tage Haft bestraft wird. Auch diese Strafe ist als Kriminal- und im Gegensatze zu der des § 179 G.V.G. nicht als bloße Ordnungsstrafe anzusehen.

II. Die für Schiffsleute beachtlichen Strafbestimmungen außerhalb der Seemannsordnung.

§ 15.

Die ausführliche Ordnung der Strafvorschriften für Schiffsleute in der Seemannsordnung hat für andere gemeinrechtliche Strafvorschriften dieser Art nur noch wenig Raum gelassen. Soweit es aber außerhalb der Seemannsordnung noch reichsrechtliche Strafbestimmungen gibt, die von den Schiffsleuten, nicht aber auch schlechthin von jedem anderen zu beachten sind, gelten diese Bestimmungen gleichzeitig — und meist sogar in erster Linie — zum mindesten auch für den Kapitän. Denn während fast alle Schiffsmannsdelikte der Seemannsordnung mehr oder weniger aus dem eigentümlichen Gewaltverhältnisse des Kapitäns zu den Schiffsleuten entspringen und bei ihnen der Kapitän der Verletzte ist, handelt es sich bei den erwähnten Strafbestimmungen außerhalb der Seemannsordnung um Verletzung von Vorschriften, deren Befolgung den Schiffsleuten schlechthin im allgemeinen Interesse oder doch im Interesse der Schiffahrt obliegt.

1. Eine vereinzelte nur für Schiffsleute geltende Strafvorschrift findet sich jedoch noch in dem viel umstrittenen § 298 St.G.B., wonach ein Schiffsmann, welcher mit der Heuer entläuft, oder sich verborgen hält, um sich dem übernommenen Dienste zu entziehen, ohne Unterschied, ob das Vergehen im Inlande oder im Auslande begangen worden ist, mit Gefängnis bis zu einem Jahre bestraft wird.

Der Streit, der diese Strafvorschrift betrifft, bezieht sich im wesentlichen auf ihre Rechtsgültigkeit im Verhältnisse zu der fast gleichlautenden Strafbestimmung in § 93 Abs. 3 S.O. (s. o. § 5 Z. II), indem einige, insbesondere Olshausen zu § 298 St.G.B., die Meinung vertreten, daß § 298 St.G.B. durch die spätere Strafbestimmung des § 93 Abs. 3 (§ 81 Abs. 3) S.O. derogiert sei. Diese Meinung erscheint jedoch deshalb nicht zutreffend, weil § 93 Abs. 3 S.O nur auf Kauffahrteischiffe und auch unter diesen wiederum nur auf solche Anwendung findet, welche das Recht, die Reichsflagge zu führen, ausüben dürfen (§ 1 S.O.), während § 298 St.G.B. eine derartige Beschränkung nicht kennt, ja sogar zweifelhaft läßt, ob er sich überhaupt nur auf Seeschiffe und nicht auch auf Binnenschiffe bezieht. Natürlicherweise kann aber § 298 St.G.B. nur insoweit Anwendung finden, als § 93 Abs. 3 S.O., der infolge seines engeren Geltungsgebietes im Verhältnisse zu § 298 St.G.B. eine *lex specialis* bildet, nicht eingreift.

Ein weiterer Unterschied zwischen § 298 St.G.B. und § 93 Abs. 3 S.O. darf jedoch nicht aus dem in § 93 S.O. fehlenden Zusatze des § 298 St.G.B.: „ohne Unterschied, ob das Vergehen im Inlande oder Auslande begangen worden ist", entnommen werden; denn dieser Zusatz wird in § 93 S.O. durch die Vorschrift in § 121 Abs. 1 i. V. mit Abs. 3 S.O. entbehrlich. Fraglich erscheint insoweit nur, ob wie nach § 93 i. V. mit § 121 S.O. auch nach § 298 St.G.B. der im Auslande von einem deutschen Schiffe entlaufende Ausländer im Gegensatze zu den allgemeinen Bestimmungen des Strafgesetzbuchs im Inlande bestraft werden kann, oder ob der erwähnte Zusatz des § 298 St.G.B. nur bezweckt, den im Auslande desertierenden deutschen Schiffsmann auch dann für strafbar und zwar im Gegensatz zu § 4 St.G.B. für offiziell strafbar zu erklären, wenn im Einzelfalle seine Handlung nach den Gesetzen des Auslandes[1] straflos ist.[2]

---

[1] Wie in England und den Vereinigten Staaten von Nordamerika.

[2] Vgl. hierzu Binding, Lehrbuch S. 416 Anm. 4, wonach der Ausländer, der im Auslande delinquiert, nach § 298 St.G.B. unbedingt straflos bleibt,

Keinesfalls aber darf man § 121 Abs. 2 S.O. für die Fälle des § 298 St.G.B. analog anwenden.

Merkwürdig erscheint m. E. übrigens, daß bei der Besprechung des Verhältnisses von § 298 St.G.B. zu § 93 (81) Abs. 3 S.O. bisher immer nur die Frage erörtert worden ist, ob § 298 St.G.B. durch § 93 (81) Abs. 3 S.O. aufgehoben worden sei, während m. E. die Frage näher lag, ob denn § 93 (81) Abs. 3 S.O. dem § 298 St.G B. gegenüber überhaupt eigene Gesetzeskraft habe; denn § 93 (81) Abs. 3 S.O. verweist ja nach seinem Wortlaute nur „auf die in § 298 St.G.B. angedrohte" Strafe und ist in die absichtlich sehr breit gefaßte Seemannsordnung vielleicht nur deshalb aufgenommen worden, um die Schiffsleute, denen gemäß § 7 (5) Abs. 3 S.O. ein Abdruck der Seemannsordnung zur Nachachtung auszuhändigen ist, auch auf die ihnen nach § 298 St.G.B. drohende Strafe besonders hinzuweisen.

Die einzelnen Tatbestandsmerkmale des § 298 St.G.B. decken sich mit denen des § 93 Abs. 3 S.O. Insbesondere darf aus dem abweichenden Ausdrucke „entlaufen" im Gegensatze zu „entweichen" und aus dem sinnstörenden Komma nach ersterem Worte in § 298 St.G.B. kein Unterschied entnommen werden.

Hinsichtlich der Strafdrohung ist jedoch zu beachten, daß § 298 St.G.B anders als § 93 Abs. 3 der geltenden Seemannsordnung eine Strafminderung infolge mildernder Umstände noch nicht kennt.

2. Neben § 298 sind für Schiffsleute, wenn auch nicht ausschließlich für diese, im Strafgesetzbuche noch besonders die §§ 243 Z. 7, 250 Z. 4 (nächtlicher Diebstahl bezw. Raub durch Einschleichen auf bewohnten Schiffen), 250 Z. 3 (Raub auf offener See), 265 (Versicherungsbetrug), 305 (Zerstörung fremder Schiffe),

---

während andrerseits darauf hingewiesen ist, daß der Ausländer, wo er auch von deutschen Seeschiffen entweicht, im Inlande handelt. Die Nationalität des Täters erscheint hingegen unerheblich nach Olshausen in § 298 Anm. 4 und — unter der Voraussetzung, daß das betreffende Schiff ein deutsches ist, oder der Täter wenigstens von einem Deutschen geheuert worden ist — nach Rüdorff (Strafgesetzbuch für das Deutsche Reich, 4. Auflage, herausgegeben von Stenglein) zu § 298 Anm. 5 und Oppenhoff zu § 298 Anm. 6.

306 Z. 2, 307 ff. (Brandstiftung an Schiffen), 297 (Gefährdung von Schiffen durch Warenverheimlichung, s. o. § 6 Z. I, 2), 321 i. V. mit 326 (lebens- und gesundheitsgefährdende Störung des Fahrwassers), 322 i. V. mit 326 (Schiffahrtsgefährdung durch Unbrauchbarmachung echter und Setzen falscher Schiffahrtszeichen) und 323 (Schiffsstrandung) zu beachten.

Zweifelhaft kann erscheinen, ob auch die Schiffsleute nach dem Blankettstrafgesetze des § 145 St.G.B. delinquieren können, wonach mit Geldstrafe bis zu 1500 Mark bestraft wird, wer die vom Kaiser zur Verhütung des Zusammenstoßens der Schiffe auf See, über das Verhalten der Schiffer nach einem Zusammenstoße von Schiffen auf See oder in betreff der Not- und Lotsensignale für Schiffe auf See und auf den Küstengewässern erlassenen Verordnungen übertritt.

Die Frage ist zu verneinen, soweit es sich um Verordnungen über das Verhalten „der Schiffer" nach einem Zusammenstoße handelt; im übrigen hängt ihre Verantwortung davon ab, ob in den jeweils gültigen kaiserlichen Verordnungen auch den Schiffsleuten und nicht nur dem Kapitän irgendwelche Pflichten auferlegt werden.

An solchen Verordnungen kommen jetzt in Betracht neben der Not- und Lotsensignalordnung für Schiffe auf See und auf den Küstengewässern vom 14. August 1876 (R.G.Bl. S. 187) die sämtlich „auf Grund von § 145 St.G.B." erlassenen kaiserlichen Verordnungen: zur Verhütung des Zusammenstoßens der Schiffe auf See vom 9. Mai 1897 (R.G.Bl. S. 208 ff.), betr. die Lichter- und Signalführung der Fischereifahrzeuge und der Lotsendampffahrzeuge vom 10. Mai 1897 (R.G.Bl. S. 215) und über die Abblendung der Seitenlichter und die Einrichtung der Positionslaternen auf Seeschiffen vom 16. Oktober 1900 (R.G.Bl. S. 1003) i. V. mit der Bekanntmachung des Reichskanzlers betr. die Einrichtung der Positionslaternen auf Seeschiffen vom 8. Dezember 1900 (R.G.Bl. S. 1036).

Was zunächst die wesentlichste dieser Verordnungen, die Kollisionsverordnung vom 9. Mai 1897, anlangt, so erstreckt diese jetzt in der Einleitung die Gültigkeit ihrer Vorschriften einmal „auf alle Fahrzeuge" auf See oder auf den mit der See in Zusammenhang stehenden, von Seeschiffen befahrenen Gewässern, während nach der alten Kollisionsverordnung vom 7. Januar 1880 die Vorschriften „für alle Schiffsführer" gelten sollten. Zum anderen bestimmt Art. 29, daß keine der Vorschriften (des IV., V. und VI. Abschnitts) ein Fahrzeug oder den Reeder, den Führer und die Mannschaft desselben von den Folgen einer Versäumnis im Gebrauche von Lichtern oder Signalen und im Halten eines Ausgucks oder von den Folgen der Versäumnis anderer Vorsichtsmaßregeln befreien soll, welche durch die seemännische Praxis oder durch die besonderen Umstände des Falls geboten sind. Weiter haftet nach Art. 33 der Eigentümer und der Führer eines Schiffes dafür, daß die zur Ausführung der vorausgehenden Vorschriften in brauchbarem Zustande auf dem Schiffe vorhanden sind, während endlich nach Art. 33 Abs. 2 S. 1 und 2 die Befolgung dieser Vorschriften im übrigen dem Schiffer oder dessen berufenem Vertreter obliegt.

Hiernach ist klar, daß die Schiffsleute und insbesondere die Schiffsoffiziere in jedem Falle nach § 145 St.G.B. bestraft werden können, wo sie zum Vertreter des Kapitäns (Schiffers) in der Erfüllung der in erster Linie diesem selbst auferlegten Pflichten berufen sind, möge diese Berufung nun infolge eines Auftrags des Schiffers oder auf Grund der sog. Schiffshierarchie (s. o. § 1) erfolgt sein. Daher haben die Vorschriften des § 145 St.G.B. vor allem auch für den Steuermann Bedeutung, dem im Zweifel die Stellvertretung des Kapitäns obliegt und der daher nach § 7 der Bekanntmachung, betr. den Nachweis der Befähigung als Seeschiffer und Seesteuermann auf deutschen Kauffahrteischiffen, vom 6. August 1887 (R.G.Bl. S. 395)[1] i. V. mit Buchstaben D Z. 5 der Anlage II hierzu vor seiner Zulassung als Steuermann über seine Kenntnis der Vorschriften zur Verhütung des Zusammenstoßens der Schiffe auf See, über das Verhalten nach einem Zusammenstoße, sowie über die Not- und Lotsensignale zu prüfen ist.

---

[1] Jetzt Bekanntmachung, betr. den Befähigungsnachweis und die Prüfung der Seeschiffer und Seesteuerleute auf deutschen Kauffahrteischiffen, vom 16. Januar 1904 (R.G.Bl. 1904 S. 3), § 36 i. V. mit Anlage III D Z. 9.

Aber auch soweit sie nicht im Einzelfalle berufene Vertreter des Schiffers sind, soll die Schiffsleute nach F. PERELS[1] innerhalb ihres Wirkungskreises die Verantwortlichkeit für die Beachtung der Kollisionsverordnungen treffen. Jedenfalls wird dann zu beachten sein, daß der Kapitän neben den Schiffsleuten verantwortlich und strafbar ist, sofern er diese fahrlässig mit einer Aufgabe betraut hat, der sie nicht gewachsen waren;[2] denn daß auch eine fahrlässige Übertretung nach § 145 St.G.B. strafbar ist, erscheint zweifellos.

Das zur Kollisionsverordnung Ausgeführte gilt entsprechend auch für die übrigen oben erwähnten kaiserlichen Verordnungen.

3. Unter den gemeinrechtlichen Strafbestimmungen außerhalb des Reichsstrafgesetzbuchs und der Seemannsordnung, die besonders für die Schiffsleute Bedeutung gewinnen können, seien endlich noch § 68 Abs. 2 des Personenstandsgesetzes vom 6. Februar 1875 (nur für Schiffer und Steuermann gültig), § 43 der Strandungsordnung vom 17. Mai 1874 und §§ 134 ff. des Vereinszollgesetzes vom 1. Juli 1869 hervorgehoben.

---

[1] Handbuch S. 224.

[2] Anders erklärt § 22 Fl.R.G. in allen Fällen, wo die von dem Kaiser erlassenen Bestimmungen über die Verpflichtung der Kauffahrteischiffe, die Flagge vor Kriegsschiffen und Küstenbefestigungen oder bei dem Einlaufen in deutsche Häfen zu zeigen, nicht beachtet werden, ausdrücklich nur den Schiffer für strafbar und dies hier wohl ohne Rücksicht auf sein Verschulden. Im übrigen kennt nach PERELS, Handbuch S. 243 das deutsche Recht nicht wie das englische eine Vermutung dafür, „daß im Falle einer Schiffskollision der den Vorschriften zuwiderhandelnde Schiffer, wenn er keine rationelle Entschuldigung für die Unterlassung vorbringen kann, in Ermangelung des Gegenbeweises als derjenige erachtet werden soll, welcher den Zusammenstoß verschuldet hat."

Abkürzungen.

B.G.B. = Bürgerliches Gesetzbuch für das Deutsche Reich.
B.G.Bl. = Bundes-Gesetzblatt des Norddeutschen Bundes.
E.G. = Einführungsgesetz.
Fl.R.G. = Gesetz, betreffend das Flaggenrecht der Kauffahrteischiffe, vom 22. Juni 1899.
G.O. = Gewerbeordnung für das Deutsche Reich (in der Fassung der Bekanntmachung vom 26. Juli 1900).
G.V.G. = Gerichtsverfassungsgesetz.
H.G.B. = Handelsgesetzbuch vom 10. Mai 1897.
M.St.G.B. = Militärstrafgesetzbuch für das Deutsche Reich.
R.G. = Reichsgericht.
R.G.Bl. = Reichsgesetzblatt.
R.G.C. = Entscheidungen des R.G. in Civilsachen, herausgegeben von den Mitgliedern des Gerichtshofes und der Reichsanwaltschaft.
R.G.St. = do. in Strafsachen.
St.G.B. = Strafgesetzbuch für das Deutsche Reich.
St.P.O. = Strafprozeßordnung für das Deutsche Reich.
S.O. = Seemannsordnung vom 2. Juni 1902.
a. S.O. = Seemannsordnung vom 27. Dezember 1872.
S.U.V.G. = See-Unfallversicherungsgesetz in der Fassung der Bekanntmachung vom 5. Juli 1900.

Druck von Metzger & Wittig in Leipzig.

FSC
www.fsc.org
MIX
Papier | Fördert
gute Waldnutzung
FSC® C083411

Kolibri 360 GmbH
Ferdinand-Jühlke-Straße 7
99095 Erfurt, Deutschland
produktsicherheit@kolibri360.de